대륙의 붉은 별 마오쩌둥

대륙의 붉은 별 마오쩌둥

ⓒ 조헌용, 2005

초판 1쇄 발행일 | 2005년 4월 2일
초판 3쇄 발행일 | 2007년 9월 14일

지은이 | 조헌용
펴낸이 | 김현주
펴낸곳 | 이룸

출판등록 | 1997년 10월 30일 제10−1502호
주소 | 121−840 서울시 마포구 서교동 395−172 상록빌딩 2층
전화 | 편집부 (02)324−2347, 영업부 (02)2648−7224
팩스 | 편집부 (02)324−2348, 영업부 (02)2654−7696
e−mail | erum9@hanmail.net
Home page | http://www.erumbooks.com

ISBN 89−5707−147−4 (44990)
       89−5707−093−1 (set)

값 7,500원

청소년
평전16

대륙의 붉은 별 마오쩌둥

조헌용 지음

이룸

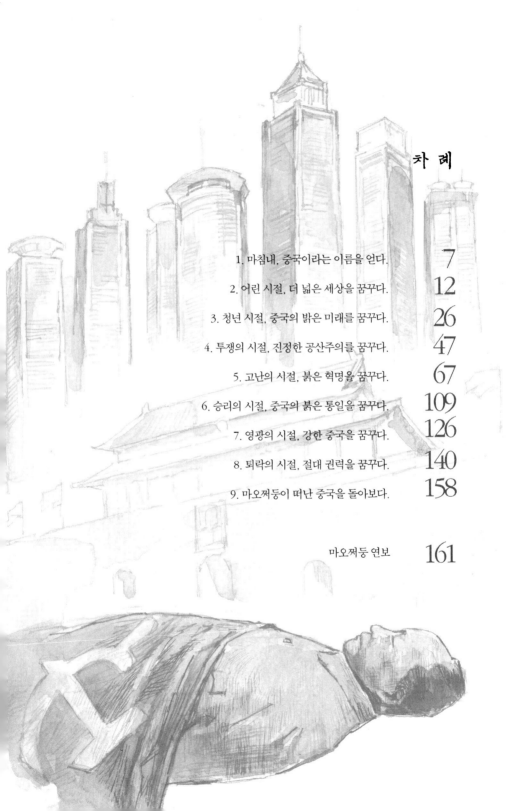

차 례

1. 마침내, 중국이라는 이름을 얻다

　　1949년 10월 1일, 톈안먼(천안문天安門) 광장에는 수많은 인파가 모여들었다. 그것은 모든 사람이 평등한 세상, 모든 사람이 행복한 세상이 열리기를 열망하는 민중의 발길이었다.

　　"이로써 중국 역사에서 새로운 시대가 시작된 것이다. 우리 4억 7천 5백만 중국 인민은 이제 일어섰다."

　　마오쩌둥(모택동毛澤東)의 우렁찬 목소리가 확성기를 타고 울려 퍼졌다. 수만 인파가 환호하는 가운데 마침내 마오쩌둥의 입을 통해 중화인민공화국(中華人民共和國) 개국이 선언된 순간이었다.

　　마오쩌둥의 개국 선언에 이어, 톈안먼 광장을 가득 메운 10만 군중

의 열광적인 환호가 맑고 청명한 가을 하늘로 솟구쳐 올랐다.

"공화국이여, 영원하라!"

"중국 공산당이여, 영원하라!"

"마오 주석 만세!"

"중국 공산당 만세!"

중국이 비로소 상징으로의 중국이 아닌 공식 명칭으로의 중국이 되었다. 멀게는 기원전 6500년경의 상 왕조 시대부터 가깝게는 청 왕조에 이르기까지 중국은 예부터 스스로를 세계의 중심이라 하여 '중화(中華)'라 일컬었다. 그러나 중국 최초의 통일 왕조인 진(秦)나라를 비롯해 중국이라 칭한 나라는 하나도 없었다.

'중화'라는 말이 나라 이름으로 처음 불리기 시작한 것은 쑨원(손문 孫文)의 신해혁명(辛亥革命)이 성공한 바로 뒤부터였다. 1911년, 타락한 청 왕조를 개혁하기 위한 여러 혁명들이 중국 곳곳에 일어난다. 그리고 마침내, 민족(民族), 민권(民權), 민생(民生)의 삼민주의(三民主義)를 기본 바탕으로 하는 신해혁명이 성공하고 타락한 청 왕조가 멸망하게 된다.

그리고 그 뒤를 이어 아시아에서는 첫 번째 공화정인 중화민국(中華民國)이 1912년 1월 1일에 수립된 것이다. 그러나 중화민국은 그 자체로 완벽한 나라의 형태를 갖췄다기보다는 임시정부의 성격이 강했다. 이미 하나의 정치 체제로만 남아 있는 중국은 군벌이라 불리는 군인들이 각 지방을 통치하는 쪼개진 나라였다. 그런 시대적 흐름 속에서 중화민국은 나라를 오래 지속할 수 있는 힘을 갖추지 못했고, 오래지 않아 제국주의 일본과 결탁한 베이양(북양北洋)의 군벌 위안스카이(원세개袁世凱)에 의해 막을 내려야 했다.

　아직 역사의 제단에 흘린 피가 많지 않아서였을까. 제국주의 열강들과의 전쟁에서, 성격을 달리하는 각 정파간의 전쟁에서 흘린 피가 강이 되어 역사의 제단을 잔뜩 적시고서야 비로소 마오쩌둥이 이끄는 중국 공산당이라는 붉은 깃발 아래에서 중국은 어느 정도 평화를 찾을 수 있었다.

　1921년, 상하이(상해上海)의 돛단배 위에서 초라하게 그 시작을 알렸던 중국 공산당은 제국주의를 등에 업고 공산주의를 배척하는 국민당과 오래 내전을 치러야 했다. 그러나 그들의 적은 국민당뿐만이 아니었다. 각 지방의 토착 부호와 군벌들과 여전히 날카로운 이빨을 드러내 놓고 먹잇감을 노리는 제국주의 열강들도 그들의 적이었다. 그 모든 것과 싸우기 위해 그들은 수많은 희생을 치러야 했다.

　달에서도 보인다는 만리장성의 두 배 반이 넘는 2만 5,000리라는 길고 긴 거리를 오로지 맨발로 걸어야 하기도 했다. 만년설이 쌓인 5개의 봉우리를 포함하여 18개의 산맥을 넘으며, 24개의 강을 건너며, 거친 사막을 횡단하고 늪과 초원을 가로지르며 그들은 죽음을 눈앞에 둔 싸움을 매일 치러야 했다. '대장정(大長征)' 또는 '장정'이라 부르는 이 기나긴 후퇴를 하는 동안 9만여 명에 이르던 중국 공산당의 군사는 천 명을 넘기지 않았다.

공산당은 분명 이 긴 전쟁에서 패배했다. 그러나 승리했다. 자신들이 옳다고 생각하는 신념과 믿음으로 그들은 쓰러지지 않고 일어서 다시 싸울 준비를 하고 힘을 키웠다. 그리고 당당히 세계 역사 위에 중화인민공화국 설립이라는 위대한 한 장을 마련한 것이다.

진정 인간의 한계를 뛰어넘는 투쟁과 고난의 세월이었다. 그것은 마오쩌둥의 투쟁과 고난의 세월이었고, 그를 믿고 따르는 중국 공산당의 투쟁과 고난의 세월이었으며, 모든 중국 인민의 투쟁과 고난의 세월이기도 했다. 그리하여 그 모든 세월을 이기고 새로운 하늘, 중화인민공화국이 열린 것이다.

중국 공산당의 아버지, 마오쩌둥.

그는 어떻게 투쟁과 고난의 세월을 이기고 마침내 중국을 움직이는 최고의 자리에 오를 수 있었을까?

2. 어린 시절, 더 넓은 세상을 꿈꾸다

역사의 소용돌이에 태어난 아이

마오쩌둥이 태어나던 1893년 중국의 운명은 마치 폭풍 앞에 놓인 촛불처럼 위태로웠다. 거센 비바람이 한 번만 더 몰아친다면 그대로 촛불은 꺼질 것만 같았다. 만주족이 세운 중국의 마지막 봉건 왕조 청(淸)나라는 이미 오래전부터 타락의 길로 들어섰다. 그리고 때를 같이 하여 그즈음 세계 열강들은 제국주의라는 날카로운 이빨을 드러낸 채 마구잡이로 힘없는 나라들을 강탈했다.

가장 먼저 이빨을 드러낸 것은 가까운 일본이었다. 일본은 대륙 침략의 발판으로 조선과 중국을 선택했다. 호시탐탐 대륙을 노리던 일본은 마침내 기회를 잡았다. 그 침략의 발단은 조선이었다.

1894년 마오쩌둥이 태어난 다음 해 조선에서는 동학혁명이 일어났다. 동학군은 전주(全州)를 점령했고, 조선은 청나라에게 지원병을 요청했다. 일본은 그 틈을 타서 청과 함께 조선에 들어왔다. 그러나 두 나라의 군대가 조선에 들어왔을 때는 동학혁명군과 정부군의 협정에 따라 동학군은 이미 전주에서 철수한 뒤였다. 청과 일본의 군대는 각기 본국으로 돌아가기로 약속했다. 그러나 일본은 이를 어기고 조선의 내정을 요구했다. 그동안 조선에 대해 어느 정도 기득권을 유지하고 있던 청나라가 이를 거절했고 두 나라는 결국 전쟁을 시작했다. 승리는 일본의 것이었다. 청일전쟁이라 불리는 이 전쟁의 승리로 일본은 만주의 몇 곳과 대만을 점령했다.

곧이어 독일이, 또 영국이 중국을 유린했다. 청 왕조는 외세의 침략을 막을 힘이 조금도 남아 있지 않았다. 외세에 맞서 싸우겠다고 일어난 사람들은 일반 백성이었다. 1899년 중국 전역에서 의화단의 봉기가 일어났다. 그러나 오히려 그 때문에 중국은 더욱더 깊은 구렁텅이로 빠져들었다. 8개의 나라로 구성된 열강들은 의화단을 진압한다는 구실로 중국 대륙을 마구잡이로 짓밟았다.

이처럼 역사의 소용돌이 속에서 태어났지만, 마오쩌둥은 세상의 일과는 별로 상관없는 어린 날을 보냈다. 그의 고향은 워낙 산골이라

시끄러운 세상과는 전혀 상관이 없는 것처럼 고요하기만 했기 때문이었다.

마오쩌둥은 1893년 12월 26일 후난성(호남성湖南省)의 성도인 창사(장사長沙)에서 40킬로미터 떨어진 사오산(소산韶山)이라는 작은 마을에서 태어났다.

마오쩌둥이 태어날 무렵, 그의 집은 제법 잘사는 집이었다. 고리대금업과 곡물상으로 돈을 모은 아버지는 오로지 돈을 불리는 데에만 정신을 쏟는 구두쇠였다. 그에게 가장 큰 욕심은 오로지 돈이었다. 때로는 아주 가까운 이웃들에게 비싼 이자를 받기도 했고, 그 때문에 마오쩌둥 집안은 이웃에게 미움을 받아야만 했다. 그런 미움에 어린 마오쩌둥은 익숙하지 않았다. 그러나 어쩔 수 없는 노릇이었다.

오로지 재산을 늘리는 데에만 정신을 쏟는 아버지 밑에서 마오쩌둥은 여섯 살이라는 어린 나이부터 농사일을 거들어야 했다. 여덟 살부터는 낮에는 학교를 다니며, 아침저녁으로 힘든 농사일을 도왔다.

머슴을 부릴 만큼 재산이 늘어났을 때에도 아버지는 자식들에게 머슴들보다 못한 음식만을 주었다. 명절날이면 머슴들에게는 달걀을 주었지만 마오쩌둥은 군침만 삼킬 뿐이었다. 성격이 거친 아버지를 피해 마오쩌둥은 그저 묵묵히 장부를 정리하거나 농사일을 해야 했다.

아주 가끔은 그의 집에 쌀을 빌리러 오는 사람들이 있었다. 독실한 불교 신자였던 어머니는 모든 사람에게 자비로웠다. 어머니에게는 가까운 사람이든 먼 사람이든, 친척이든 아니든 상관이 없었다. 다만 구두쇠 아버지의 눈을 속이는 것이 문제였다. 아버지가 없을 때면 어머니는 찾아온 사람들에게 아낌없이 쌀을 나누어 주었다. 그러나 어떻게 알았는지 그때마다 아버지는 집 안을 난장판으로 만들곤 했다. 마오쩌둥은 그게 무척이나 못마땅했지만 매를 맞으며 사는 그에게는 그런 모든 것들이 받아들일 수밖에 없는 지독한 현실이었다.

첫 번째 가출

걷고 또 걸었지만 도시는 나오지 않았다. 벌써 사흘째 산속을 헤맸지만 도시는커녕 길도 찾기 힘들었다. 어린 마오쩌둥은 지쳐서 그만 주저앉아 엉엉 울고 싶은 심정이었다. 마침 저 멀리서 그를 찾는 목소리가 들려왔다. 비록 집에서 도망 나온 길이었지만 그렇게 반가울 수가 없었다.

마오쩌둥이 처음으로 가출한 것은 그의 나이 열세 살 때였다. 이른 새벽부터 학교가 끝나고 난 다음 저녁 늦게까지 일만 하기에도 어린 마오쩌둥에게는 벅찬 일과였다. 그런 마오쩌둥이었기에 학교에서 당하는 체벌은 정말이지 견디기 힘든 것들이었다. 학생들을 엄하게 다루어야 한다고 생각했던 국어 선생님은 아이들을 혹독하고 가차없이 때리기 일쑤였다. 거친 아버지에게 매 맞으며 일하는 것도 모자라 학교에서까지 매를 맞아야 하는 날들이었다.

어느 날, 매를 견디다 못한 마오쩌둥은 그대로 학교를 뛰쳐나갔다. 당장 매를 피할 수는 있었지만 집에 돌아갈 일이 걱정이었다. 마오쩌둥은 무작정 도시로 가기로 결심했다. 그는 골짜기를 지나면 큰 도시가 있을 것이라고 믿었다. 그러나 가도 가도 골짜기만 나올 뿐 도시는 나오지 않았다. 어쩔 수 없이 산속에서 사흘을 헤매야 했다. 그렇게 산속을 헤매고 있을 때, 어렴풋하게 자신을 찾는 가족들의 목소리가 들렸다. 너무나도 무섭고 힘들었던 까닭에 아버지에게 혼나리란 생각도 하지 못한 채 마오쩌둥은 자신을 찾는 가족들이 무척이나 반가웠다.

가족들과 함께 돌아올 때에서야 마오쩌둥은 아버지에게 혼날 일이 걱정되었다. 그러나 다행히도 아버지는 그를 나무라지 않았다. 오히려 가출하고 난 후 그를 대하는 사람들의 태도가 달라질 정도였다. 아버지는 조금 너그러워졌으며, 국어 선생님은 다른 아이들에 비해 마오쩌둥을 심하게 다루지 않았다. 참으로 놀라운 사실이었다. 어린 그의 가슴에 이상야릇하고 알 수 없는 기쁨이 차올랐다.

그릇된 일이 있으면 그걸 바로잡기 위해서 어떠한 행동이라도 해야 한다는 것을 마오쩌둥은 어렴풋이 깨달았다. 가만히 앉아 있을 때 돌아오는 것은 멸시뿐이지만, 그걸 바로잡기 위해 반항적인 행동을 하면 승리가 돌아온다고 어린 마오쩌둥은 막연하게 생각했다.

아버지와의 전쟁

가출 사건 이후 마오쩌둥은 아버지에 반항하는 법을 터득하기 시작했다. 처음에는 무조건 반항부터 하고 들었지만 세월이 지나면서 근거를 들어 반항하는 방식을 알게 되었다. 마오쩌둥은 그가 배운 옛 책의 문구들을 이용했다. 아버지가 게으르고 불효하다고 야단칠 때면, 그는 이렇게 말하곤 했다.

"옛말에 이르기를 연장자는 인정이 많고 사랑이 깊어야 한다고 했습니다. 그런데 아버지는 늘 내게 게으르다고만 하시면서 정작 아버지는 일을 하지 않습니다. 나이 많은 사람은 어린 사람보다 더 일을 많이 해야 한다고도 했습니다. 그러니 나보다 나이가 세 배나 많은 아버지는 마땅히 더 많은 일을 해야 합니다. 그리고 아버지 나이가 될 때면 나는 지금의 아버지보다 분명 더 많은 일을 할 것입니다."

그럴 때면 아버지는 할 말을 잃고 아들을 나무라는 걸 멈출 수밖에 없었다. 그러나 아버지도 가만히 두고 보지만은 않았다. 아버지와 마오쩌둥은 자기 나름대로 작전을 짰다. 마오쩌둥의 작전 가운데 하나는 연합전선 구축이었다. 마오쩌둥은 동생과 어머니, 때로는 머슴까지 포함해 아버지에게 대항하곤 했다. 그러나 매번 승리는 아버지의 차지였다.

어쩌면 어린 날의 이런 싸움들이 그의 평생을 좌우했는지도 모를 일이었다. 마오쩌둥에 비해 아버지는 여러 가지 작전을 만들 수 있었다.

그는 재산과 힘, 그리고 당시 중국 가정이 갖는 아버지의 권위를 모두 이용할 수가 있었다.

아버지는 우선 가부장적 권위를 충분히 살리려 노력했다. 마오쩌둥이 열세 살 되던 해에 아버지는 많은 사람들을 초대해 놓고 아들을 나무랐다. 사람들 앞에서만큼은 아들이 자기에게 대들지 못하리라는 생각에서였다. 그러나 마오쩌둥은 격분했다. 게으르고 쓸모없는 놈이라는 욕을 듣고 있던 마오쩌둥은 마침내 더 가만히 있지 못하고 아버지에게 욕을 퍼붓고 집 밖으로 뛰쳐나갔다. 옆에서 지켜보던 어머니가 아들을 달래며 돌아오라고 했지만 소용없었다. 아버지도 욕을 하며 당장 돌아오라고 쫓아갔지만 마찬가지였다. 마오쩌둥은 연못가까지 가서야 걸음을 멈추고 아버지를 향해 소리쳤다.

"더 다가오면 이대로 물에 빠져 죽겠어요."

아버지도 더는 다가가지 못했다. 한동안 두 사람 사이에는 지루한 침묵이 흘렀다. 가만히 숨을 고르며 생각하던 아버지가 그 자리에 그대로 서서 크게 소리쳤다.

"이놈, 잘못을 빌고 앞으로는 이 애비에게 무조건 순종하겠다는 의미로 고두(叩頭)를 하여라. 그러면 지금까지의 모든 잘못을 용서해 주겠다."

아버지는 예부터 신하가 왕 앞에서 복종의 의미로 두 무릎을 꿇고 머리를 땅에 맞대며 조아리는 고두를 하라고 요구했다. 그러나 마오쩌둥은 결코 받아들이지 않았다.

"앞으로 나를 때리지 않겠다고 약속하면 반고두를 하겠어요."

아버지는 그의 조건을 받아들였고, 마오쩌둥은 한쪽 무릎을 꿇고 잘 못을 빌었다. 그렇게 싸움은 끝났다. 그러나 마오쩌둥은 그 사건을 통해 다시 한번 자신의 권리를 위해서는 분명한 반항이 필요하다는 사실을 알게 되었다. 가만히 있을 때 돌아오는 것은 오히려 더 큰 협박과 굴복뿐이라는 걸 깨닫는 순간이기도 했다.

풍요로운 시대의 경고

열세 살의 전쟁 이후로 한동안 마오쩌둥 집안은 평화로운 듯했다. 그러나 아버지는 다른 계획을 준비했다. 아버지는 중국의 여느 집안에서처럼 마오쩌둥을 어른으로 대우하며 장가를 보내기로 결심했다. 그 것이야말로 아들을 어른 일꾼으로 부려 먹을 수 있는 가장 좋은 방법이라고 생각했다.

그리하여 마오쩌둥은 열다섯 살이 되던 해인 1907년에 이웃 마을의 뤄(라羅) 씨 가문의 여자와 혼인을 해야만 했다. 그녀에 대해 별다른 애정을 느끼지 못한 어린 신랑은 신부보다는 소설 읽기에 더 많이 매달렸다. 마오쩌둥이 신부를 돌보지 않고 3년이 흘렀을 때 신부는 스물한 살이라는 젊은 나이에 세상을 떠났다. 별다른 슬픔은 느껴지지 않았다. 그러나 알 수 없는 쓸쓸함이 찾아드는 것은 어쩔 수 없었다. 그런 마음을 달래려 그는 더욱더 소설에 매달렸다.

　마오쩌둥은 학교에 다닐 때부터 소설 읽기를 좋아했다. 누구보다 책 읽기를 좋아하며 책을 끼고 살았던 마오쩌둥은 당시에 유행하던 소설들을 달달 외울 정도였다. 그런 까닭에 마을에서 내로라하는 이야기꾼 노인들과도 이야기 실력을 겨룰 수 있었다. 특히 마오쩌둥이 즐겨 읽었던 책은 역사 소설이었다.

　그런 행동이 아버지에게는 결코 좋아 보이지 않았다. 아버지는 어느 소송에서 상대방이 경서 구절을 인용해 가며 변론하는 바람에 진 뒤로는 아들이 소송에서 이길 수 있는 경서들을 읽기를 바랄 뿐이었다. 더욱이 마오쩌둥이 읽는 책은 금서로 분류된 것들이어서 아버지의 나무람은 더욱 심했다. 어쩔 수 없이 마오쩌둥은 불빛이 새어 나가지 않도록 창을 가리며 책을 읽곤 했다.

　그렇게 읽은 책 가운데 하나가 그에게 넓은 세상을 향한 눈을 뜨게 만들었다. 《성세위언(盛世危言)》, 즉 '풍요로운 시대의 경고'라는 책을 읽으며 마오쩌둥은 중국의 현실에 대한 자각을 하기 시작했다. 이 책에서 저자는 철도와 전기 등을 비롯해 외국의 선진 문물을 받아들이지 않으면, 중국의 앞날은 어둡기만 하다고 했다. 《성세위언》은 마오쩌둥에게 중국의 현실이 결코 밝지 않다는 자각과 함께 또 다른 자각을 함께 불러일으켰다.

　마오쩌둥은 그때까지 읽은 많은 책 가운데 땅을 가는 농부는 한 번도 등장하지 않는다는 사실을 깨달았다. 주인공은 모두 관리나 무인, 혹은 학자 같은 지배계급이었다. 지배계급을 찬양하면서 가난한 사람들에게는 지배계급을 위해 죽도록 일만 하도록 강요하는 것이라고 마오쩌둥은 생각했다.

마오쩌둥은 더 많은 책을 읽으면서 불교의 자비가 중국의 미래를 위해 결코 옳은 방법이 아니라고 생각했다. 모든 사람에게 아낌없이 나누어 주는 어머니를 통해 배운 사랑에 대해서도 회의가 들기 시작했다. 그때부터 마오쩌둥은 불교를 버리고 무신론자가 되었다. 어머니는 그런 아들을 걱정했지만, 아버지는 그게 오히려 더 반가웠다. 아들이 이제 돈의 위력을 깨닫고 더 많은 땅과 돈을 모으려는 자신을 도와줄 것이라고 생각했던 것이다.

그러나 아버지의 바람과는 달리 마오쩌둥은 더 많은 공부가 필요하다고 생각했다. 《성세위언》에서 나온 선진 외국이란 어떤 것인지, 더 넓은 세계에서는 어떤 일들이 벌어지고 있는지 어린 마오쩌둥은 궁금한 것이 너무도 많았다.

배움을 찾아서

다시 한번 마오쩌둥 집안에는 긴장감이 나돌기 시작했다. 마오쩌둥은 공부를 하겠다고 했고, 아버지는 공부를 더 시키지 않겠다고 했다. 글을 읽고 계산만 할 줄 알면 농사를 짓고 고리대금을 하기에는 충분하다는 것이었다. 그러나 마오쩌둥 마음속에 자리 잡은 넓은 세계에 대한 동경과 새로운 문물에 대한 호기심을 막을 수는 없었다.

마오쩌둥은 다시 한 번 집을 나와야만 했다. 돈 한 푼 없었지만 아버지의 반대를 이기고 공부할 수 있는 길은 오직 그 방법뿐이었다.

집을 나온 마오쩌둥은 고향인 사오산에서 멀지 않은 샹탄(상담湘潭)이라는 작은 도시에서 잡다한 일들을 해 가며 공부를 계속했다. 일자리도 없는 가난한 법학도가 마오쩌둥을 도와주었다. 그의 집에 6개월가량 머물면서 마오쩌둥은 그가 보는 신문이나 잡지 등을 함께 읽으며 세상에 대한 시야를 넓힐 수 있었다. 그리고 얼마 뒤에는 나이 많은 학자들 밑에서 경서와 당시에 나온 논문 등을 읽으며 지냈다.

집을 나온 뒤 얼마 지나지 않아 마오쩌둥은 평생을 간직하며 살아갈 몇 가지 사건을 접했다. 첫 번째 사건은 호남성의 성도 창사에서 전해진 소식이었다. 베이징(북경北京)이나 상하이처럼 큰 도시에서 일어난 것은 아니었지만 그것은 어린 마오쩌둥의 가슴을 뒤흔드는 커다란 사건이었다.

어느 날, 창사에 콩을 팔러 나간 장사꾼들이 물건을 팔지 않고 돌아오는 일이 있었다. 마오쩌둥과 같은 학교에서 공부하던 학생들이 장사꾼들에게 몰려들어 왜 콩을 팔지 않고 그냥 돌아왔느냐고 물었다.

"난리가 났어. 세상이 뒤집혔다고……. 지금 사람들이 먹을 것을 달라며 관아에 들어가 깃발을 찢고, 온통 난리라구."

사람들은 창사에서 일어난 봉기에 대해서 들려주었다. 당시 지독한 흉년이 들어 먹을 것이 부족하여 굶주리는 사람들이 많아졌다. 배고프고 헐벗은 사람들이 처음에는 대표를 뽑아 관아에 찾아가 먹을 것을 나누어 달라고 했으나, 배부른 관리들은 그들을 무시했다. 굶주린 사람들은 먹을 것을 구하기 위해 어쩔 수 없이 시위대를 조직해 관아에 쳐들어갔다고 했다.

시위대는 청 관리의 상징인 깃발을 꺾고 관아를 접수했다. 그제야 나라에서 사람을 파견해 먹을 것을 준다고 약속했다. 그러나 그것은 거짓이었다. 관아를 다시 내준 시위대에게 돌아온 것은 처벌뿐이었다. 몇 사람은 참수를 당하기도 했다. 더 이상 반란이 일어나지 않도록 경고하기 위해 주동자의 목을 베어 장대에 걸어 길거리에 세워 놓기도 했다.

이야기를 들으며 어린 마오쩌둥은 처음으로 정치적 자각에 눈을 뜨기 시작했다. 그것은 반항할 수 있는 상대가 아버지만이 아닌 정부일 수도 있다는 놀라운 사실이었다. 그리고 그 뒤에 따라오는 무서운 속임수에 대해서도 생각해야만 했다.

두 번째 사건은 마오쩌둥과 직접적인 관련이 있는 것이었다. 반란이 진압되고도 흉년은 몇 해나 계속되었다. 이번에는 사람들이 이웃집 부자들의 물건을 빼앗기 시작했는데, 그 가운데는 마오쩌둥 아버지의 쌀도 포함되어 있었다. 그 사건을 접하며 마오쩌둥은 구두쇠 아버지와

남의 것을 마구잡이로 약탈하는 사람들 사이에서 갈등해야만 했다.

그리고 무엇보다도 마오쩌둥의 정치적 의식에 불을 지핀 것은 한 권의 책이었다.

'아 슬프도다! 중국은 끝내 정복되고 말 것인가?'

《중국의 분할》이라는 책 첫머리에는 그렇게 쓰여 있었다. 열강들에 의해 여러 약한 나라들이 점령된 사건을 다룬 이 책을 읽으며 마오쩌둥은 폭풍 앞에 놓인 촛불처럼 위태로운 나라를 위해 자신이 할 일이 무엇인지 깨닫게 되었다.

그런 몇 가지 사건을 경험하고 나서 마오쩌둥은 겨우 아버지의 도움을 받아 얼마간 공부할 수가 있었다. 그가 다니게 된 학교는 외가가 있는 샹샹(상향湘鄕)의 샹샹중학교였다. 이 신식 학교를 졸업하게 되면 더 많은 돈을 벌 수 있을 거라는 주위 사람들의 말에 아버지가 드디어 마오쩌둥을 그 학교에 보내기로 마음먹었기 때문이었다.

마오쩌둥은 그곳에서 그토록 원하던 넓은 세상에 대해서 알아 가기 시작했다. 그러나 그는 작은 마을에 만족하지 못했다. 더 넓고 큰 세상으로 나아가고 싶었다. 그리고 마침내, 그의 꿈은 이루어졌다.

3. 청년 시절, 중국의 밝은 미래를 꿈꾸다

잘린 변발

창사로 향하는 마오쩌둥의 발걸음은 가벼웠다. 후난성의 성도인 창사에 샹샹 출신들을 위한 특수학교가 있다는 소식은 마오쩌둥을 설레게 만들기에 충분했다. 그는 샹샹중학교의 한 선생으로부터 추천 허가서를 받아 들고 창사로 향했다.

크고 넓은 도시, 새로운 생활에 대한 기대로 마오쩌둥은 떠나기 전부터 흥분되었다. 걱정이 전혀 없었던 것은 아니었다. 혹시 입학이 거부될지도 모른다며 두려운 마음이 들기도 했다. 그러나 그런 걱정이 더 넓은 세상을 향해 나아가는 그의 흥분된 마음을 억누를 정도는 아니었다. 샹샹중학교의 한 교사가 써 준 추천서 덕분에 마오쩌둥은 별 어려움 없이 입학 허가를 받았다. 그러나 마오쩌둥은 이 학교를 그리 오래 다니지는 못했다. 그가 입학하고 6개월이 지났을 무렵 중국에 불어 닥친 혁명의 열기에 그도 휩쓸렸던 터였다.

1911년, 다시 한 번 마오쩌둥에게 잊혀지지 않는, 그리고 중국 역사에서 빼놓을 수 없는 사건이 신해혁명이라는 이름으로 중국 곳곳을 강타했다.

창사는 분명 마오쩌둥이 그동안 지내던 곳과는 많이 다른 곳이었다. 세상이 어떻게 돌아가는지 더 빠르게 알 수 있었다. 특히 신문은 많은 소식들을 전해 주었는데, 신문을 읽다 보면 혁명의 열기가 서서히 달아오르고 있다는 것을 느낄 수 있었다. 쑨원과 그가 이끄는 '동맹회(同盟會)'를 알게 된 마오쩌둥은 주체할 수 없는 흥분 상태가 되어 중국이 개혁해야 한다고 부르짖었다. 그리고 마침내 그가 다니는 학교에 대자보를 붙이기 시작했다.

마오쩌둥이 학교 벽에 붙인 논설문은 실은 좀 엉뚱하고 어설픈 내용이었다. 군주제를 철저히 반대하는 쑨원을 새 정부의 대총통에, 그리고 군주제를 통해 서서히 개혁을 주장했던 캉유웨이(강유위康有爲)와 량치차오(양계초梁啓超)를 각각 외교부장에 임명해야 한다는 것이었다.

황제를 퇴진시키려는 집단과 황제를 옹호하는 두 집단 사이의 갈등을 어떻게 해결할 수 있을까? 그런 숙제를 생각할 만큼 아직 마오쩌둥은 성숙하지 못했을 뿐더러, 어린 시절부터 좋아하던 캉유웨이와 량치차오, 그리고 막 혁명의 열기에 휩싸여 알게 된 쑨원을 한데 묶으려 했던 순진하고 소박한 젊은이였던 것이다.

1911년 5월, 청나라 정부는 철도 국유화를 통해 외세 자본을 끌어들이려 했다. 그러나 이미 열강들에게 강한 반발심을 갖고 있던 중국 인민들은 쉽게 용납할 수 없었다. 광둥(광동廣東), 후난(호남湖南), 후베이(호북湖北)에서 시작한 혁명의 열기는 마침내 쓰촨(사천四川)에서 대규모 무장 투쟁으로 발전하였다. 황제는 이에 대해서 자문회의를 설치해서 사태를 수습하겠다고 약속했지만 차일피일 미루며 약속은 지켜지지 않았다. 사람들은 술렁이기 시작했다.

마오쩌둥과 몇몇 학생들은 머리를 맞대고 쓰촨에서 일어난 투쟁에 대해서 이야기했다. 그들은 성난 민중들을 도와 청 왕조를 개혁해야 한다고 부르짖었다. 그러나 그들이 할 수 있는 일은 그리 많지 않았다.

"변발을 자르는 게 어떨까? 변발이야말로 청 왕조의 상징이잖아."

"그래, 맞아. 청 왕조에 대한 반항으로 그만큼 효과 있는 건 없을 거야."

모두들 변발을 자르는 데에 의기투합했다.

마오쩌둥은 가위를 들고 당장에 변발을 잘랐다. 마오쩌둥의 뒤를 이어 몇 명의 학생들이 더 머리를 잘랐다. 그러나 처음 약속과는 달리 머리를 자르지 않는 학생들도 있었다.

"그래도 머리는 부모로부터 물려받은 것인데 함부로 자를 수는 없잖아. 이건 분명 인류를 저버리는 짐승 같은 짓이라구……."

몇몇 친구가 머리와 피부를 비롯한 신체 모든 부분은 부모에게 물려받은 것이므로 함부로 자를 수 없다고 했다. 그러나 마오쩌둥을 비롯해 이미 머리를 자른 친구들은 그들을 용서할 수 없었다. 그들은 청 왕조를 개혁하거나 타도하지 않고는 중국의 앞날은 어둠뿐이라며, 그렇기에 청 왕조에 반항하는 의사를 표시해야 한다고 강력하게 주장했다. 그리고 머리를 자르지 않겠다는 친구까지 강제로 머리를 잘랐다. 10여 명 정도 친구들의 머리를 더 잘랐을 즈음 마침내 투쟁은 혁명이라는 이름으로 타오르기 시작했다.

잘려 나간 변발처럼 어린 시절의 마오쩌둥은 점점 사라지고 청년 시절의 마오쩌둥으로 새롭게 자라났다.

넓은 세계의 사건들

쓰촨 투쟁을 진압하기 위해 청 왕조는 군대를 동원해야 했다. 그것은 잘못된 결단이었고, 그로 인해 만주족이 세운 중국의 마지막 봉건 국가는 역사의 뒤편으로 영원히 사라지게 된다. 그렇지 않아도 빈약하기만 하던 청 왕조의 군대는 일부 부대를 쓰촨으로 보내면서 더욱 약해졌다. 그 틈을 타, 우한(무한武漢)에서 대규모 군사 봉기가 일어났다. 반란군은 삽시간에 성을 점령했고, 그에 동조한 다른 여러 지역에서도 속속 대규모 봉기가 일어났다.

봉기가 있던 어느 날, 마오쩌둥이 다니던 학교에 낯선 사람이 찾아왔다. 그는 혁명위원회의 사람이었다. 학교장의 허락을 얻은 뒤 봉기의 중요성을 말하며 혁명 참여가 절실히 필요하다는 연설을 했다. 넓은 세계의 사건을 전하는 이 훌륭한 연설을 듣고 마오쩌둥은 당장 혁명군에 참여하기로 결심했다. 가난한 마오쩌둥은 혁명군이 되기 위해 친구들을 만나 돈을 구해야만 했다.

"자네라면 틀림없이 멋진 혁명군이 되리라 믿네. 꼭 성공하게."

많은 사람들의 응원을 받으며 혁명군에 가담할 생각이었지만, 마오쩌둥은 한쪽에 서서 구경하는 역할만 했을 뿐이었다.

"한커우(한구漢口)는 비가 많은 도시라네. 장화를 꼭 챙겨 가야 할 거야."

한 친구의 이런 충고가 마오쩌둥을 구경꾼으로 만들었는지도 모를 노릇이었다. 마오쩌둥이 그 친구의 충고에 따라 장화를 구하려고 이리저리 시간을 끌며 돌아다니는 사이, 도시는 이미 승리한 혁명군이 점령했다.

혁명의 필요성보다 장화를 구하는 것이 먼저였던 이 어정쩡한 선택으로 마오쩌둥은 새로운 역사의 영원한 구경꾼에 머물 수도 있었다. 그가 참여하지 않은 혁명군은 곧바로 새로운 정부를 세웠다. 새로운 정부의 수반들은 가난한 사람들이었다. 그들은 가난하고 억압받는 사람들의 편에 서서 모든 일을 해결했다.

그러나 당시의 봉기는 가난한 사람들로만 이루어진 것은 아니었다. 봉기에 참여했던 많은 지주와 상인들은 자칫 잘못했다가는 모든 것을 빼앗길지도 모른다고 판단했다. 자신들이 가진 많은 것을 지키기 위해 지주와 상인들은 지방 군벌과 짜고 다시 한번 새로운 정부를 갈아 치웠다. 새 정부의 수반은 시체가 되어 아무렇게나 길거리에 나뒹굴었다.

그러한 과정을 지켜보는 마오쩌둥의 마음은 편하지 않았다. 어쩌면 자신도 저렇게 싸늘한 시체로 변해 있을지도 모른다는 자각과 함께 권력과 재산에 대한 두려움을 다시 한번 실감해야만 했다.

많은 학생들이 학생군에 가담하며 혁명에 뛰어들었다. 마오쩌둥을 찾아 함께 학생군에 가담하자는 친구들도 있었다. 그러나 구경꾼이 되어 버린 마오쩌둥은 학생군에 가담하는 것에 대해 의외로 냉담한 반응을 보였다. 마치 혁명과 친구들을 향한 배신처럼 보였다. 그러나 마오쩌둥은 다른 생각을 가지고 있었다.

"아니야, 난 학생군에 가입하지 않겠어. 학생군은 틀림없이 조직의 밑바탕이 혼란스러울 거야. 규율도 엉망일 테고……. 혁명의 성공을 위해서는 더 튼튼하고 체계화된 조직이 필요해."

혁명을 위해, 나라를 위해 마오쩌둥은 학생군이 아닌 정규군을 선택하기로 마음먹었다.

정규군 입대

장화를 구하기 위해 혁명에 참여하지 못했던 것이 어정쩡한 선택이었다면, 정규군 입대는 조금은 엉뚱한 선택이었다. 마오쩌둥이 정규군에 들어간 까닭은 혁명 완수에 자기 몸을 바치겠다는 결심 때문이었다.

그런데 재미있는 사실은 정규군이 바로 마오쩌둥에게 학생군 가담을 망설이게 했던, 그러니까 후난성 혁명 정부의 수반들을 처형했던 바로 그 군대라는 사실이었다. 어쩌면 그것은 당시 혼란스러운 현실에서 중국의 젊은이라면 누구나 겪어야 하는 어지러움 같은 것일지도 몰랐다.

이 혼돈의 시기에 마오쩌둥의 군 생활은 제법 평화로웠다. 더 이상 전쟁은 일어나지 않을 것만 같았다. 전투에 참가하기보다는 신문을 읽으며 하루하루를 보내는 생활이 혁명은 끝났다고 말하는 것만 같았다.

한 달에 7원의 급료를 받는 군 생활이 여섯 달이나 지속되었다. 마오쩌둥이 하는 일이라고는 당시 혁명에 대해 다룬 신문을 보거나, 군대에서 사귄 친구들을 대신해서 편지를 써 주는 일이었다. 편지를 대신 써 주고 신문 내용을 전달하면서 마오쩌둥은 동료 병사들로부터 학식을 갖춘 대단한 사람이라 불리는 특별한 대우를 받았다. 그런 특별한 대우는 마오쩌둥을 우쭐하게 만들었다. 병사라면 누구나 직접 길어 먹는 물을 마오쩌둥은 학생 신분으로는 부끄러운 일이라며 돈을 주고 사 먹기도 했다. 이런 우쭐함 속에서 그래도 다행스럽게 마오쩌둥은 사회주의에 대해 처음 접할 기회를 얻었다.

후난성에서 발행하던 〈상강일보(湘江日報)〉를 통해 사회주의에 대해 처음 알게 된 마오쩌둥은 다른 학생들이나 병사들과 함께 사회주의에 대해서 토론했다. 어렴풋이 변혁을 꿈꾸던 그는 그 시기에 막연하게나마 사회주의와 공산주의에 대해서 어느 정도 알아 가기 시작했다. 그리고 그즈음에 쑨원과 타협한 위안스카이에 의해 청은 결국 멸망하고 만다.

혁명은 성공한 것처럼 보였다. 적어도 당시에는 그렇게 보였다. 이제 폭풍 앞에 촛불처럼 위태로운 중국의 미래는 잘 마른 장작을 만나 활활 타오를 것이라고 생각했다. 더 이상 군대에 남아 있을 필요가 없었다. 마오쩌둥은 다시 책을 읽고 싶었다. 배움을 통해 중국의 밝은 미래를 밝히고 싶었다. 군대에서 나와 마오쩌둥은 다시 배움을 찾아 떠났다.

다시 배움을 찾아서

마오쩌둥은 신문 광고를 꼼꼼히 살펴보았지만 어느 학교에 들어가야 할지 쉽게 결정하지 못했다. 앞으로 자신이 들어갈 학교를 선택하는 특별한 기준을 만들 수 없었던 것이다. 그때까지 그는 앞으로 자신이 어떤 길을 가야 할지 아직 결정하지 못한 상태였다.

마침내 마오쩌둥은 경찰 학교를 선택하고 입학 신청서를 제출했다.

그러나 시험도 보기 전에 마오쩌둥은 비누 제조 학교에 관심을 보였다. 무엇보다 마오쩌둥의 구미를 잡아끈 것은 수업료도 없고 식사를 제공하는 것은 물론 약간의 생활 보조비까지 제공한다는 약속 때문이었다. 마오쩌둥은 경찰 학교를 포기하고 비누 제조자가 되겠다고 마음먹었다.

입학 신청금 1위안을 내고 입학 허가를 기다리는 동안 마오쩌둥은 마음이 또 흔들렸다. 이번에는 친구 때문이었다.

"법률 학교를 졸업하면 바로 관리가 될 수 있어. 우리가 관리가 되어서 흔들리는 이 나라를 바로 세우는 거야. 혁명은 성공하는 것보다 그것을 잘 유지하는 것이 중요하다는 걸 자네도 잘 알고 있을 거야. 그러니 어서 우리 학교에 들어오라구……."

이미 법률 학교에 들어가 있는 친구의 강력한 권유로 다시 1위안을 내고 법률 학교에 입학을 신청했다.

그러나 또다시 마오쩌둥은 이 학교 입학을 포기하고 다른 곳에 입학을 신청했다. 역시 신문에 난 광고와 다른 친구의 권유 때문이었다. 친구에 따르면 중국이 치르는 전쟁은 경제 전쟁이며 중국은 이 전쟁에서 승리해야만 비로소 밝은 미래가 보장된다고 했다. 그럴듯한 이야기였다. 역시 1위안을 내고 마오쩌둥은 중등 상업학교에 입학을 신청했다. 그리고 입학 허가를 받았다. 그런데도 마오쩌둥은 광고 보기를 멈추지 않았다. 그러고는 또 한 번 다른 학교에 1위안의 입학 신청금을 털어

넣었다. 그리고 마침내 학교 생활을 시작했다.

마오쩌둥이 입학한 학교는 공립고등상학교로 교과목이 다양하고 교사들이 유능한 신식 상업 전문학교였다. 입학을 신청하고 마오쩌둥은 집에 편지를 보내 자신의 뜻을 아버지에게 전했다. 상업적인 이익을 잘 알고 있는 아버지도 마오쩌둥의 결정을 매우 반가워했다. 그러나 마오쩌둥은 한 달 만에 학교를 때려치우고 또다시 다른 학교를 알아봐야 하는 신세로 전락했다. 대부분의 과목을 영어로 진행하는 이 학교의 수업을 따라가기는 알파벳만을 겨우 알고 있는 마오쩌둥에게는 결코 쉬운 일이 아니었다.

몇 번의 실패 때문인지 마오쩌둥이 다시 들어간 학교는 성립(省立) 제1중학교라는 평범한 학교였다. 또다시 1위안을 내고 치른 입학시험에서 마오쩌둥은 수석을 차지했다. 이 학교에서 가르치는 내용은 그가 어려서부터 익히 알았던 중국의 학문이기 때문이었다.

성립제1중학교 생활에 마오쩌둥은 매우 만족했다. 그러나 얼마 지나지 않아 다시 싫증을 느껴야 했다. 이미 여러 번 배운 것들을 다시 배우기란 결코 재미있는 일이 아니었다. 다만, 그곳에서 마오쩌둥은 지난날 대강대강 읽었던 책들을 다시 한 번 정리하는 기회를 얻을 수 있었다. 특히 그는 진시황 시대를 다룬 책을 읽으며 묘한 흥분을 감출 수 없었다.

"아, 우리나라 백성들은 얼마나 한심스러운가? 나는 다만 한탄스러울 뿐이다."

진시황의 책사였던 상앙(상앙商鞅)의 법에 대한 글을 읽으며 마오쩌둥은 책의 여백에 그렇게 썼다.

진시황은 여러 나라로 나뉘어져 있던 중국을 처음으로 통일한 진나라의 왕이었다. 중국을 통일하고 그는 스스로 시황제라 부르며 강한 중국을 건설했다. 중국의 왕을 뜻하는 황제라는 말은 이렇게 처음 생겨났다. 물론 선조들이 쌓아 올린 업적이 뒷받침했지만, 통일을 위한 진시황의 노력은 대단했다. 그 가운데 하나가 바로 인재에 대한 것이었다. 통일 전에 그는 사람들의 말을 잘 새겨들었으며, 나라를 가리지 않고 널리 인재를 등용했다. 그런 인재 가운데 가장 뛰어난 인물이 바로 상앙이었다.

상앙은 나라를 바로 세우기 위해서는 강력한 법이 필요하다고 생각했다. 그는 진시황을 위해 여러 날 동안 강한 법을 만들고 선포했다. 그러나 아무리 강한 법이라 해도 백성들이 그 법을 제대로 알지 못하고, 따르지 않으면 아무 소용이 없는 노릇이었다. 그래서 상앙은 법을 선포하며 사람들에게 알리기 위해 독특한 방법을 이용했다.

어느 날 상앙이 성 남문에 막대기를 꽂아 놓고 누구든지 그걸 북문으로 옮기면 금 열 덩이를 준다고 했지만 아무도 그 말을 믿지 않았다. 여러 날이 지나도록 아무도 막대기를 옮기는 사람이 없었다. 상앙은 다시 금 쉰 덩이를 준다고 했고, 마침내 누군가가 그 막대기를 옮겼다. 그리하여 상앙은 그에게 금을 주어 아무런 거짓이 없다는 것을 밝혔다.

중국의 한 역사가가 쓴 이 이야기를 읽으며 마오쩌둥은 진시황 시대의 강한 국력을 부러워했다. 그리고 그에 못 미치는 중국인들의 어리석음을 경멸했다. 그처럼 강하고 좋은 법이 있는데 그걸 따르지 못하는 것은 '하루하루 정해진 일들만 신경 쓰며 나머지 것들은 무조건 배척하는' 중국인들의 무지몽매함일 뿐이라고 마오쩌둥은 역시 책 여백에 썼다. 그는 어리석음이 나라를 망친 원인이라고 생각하며 그러한 무지몽매를 깨우치기 전에는 중국의 미래가 결코 밝아지지 않을 것이라고 결론지었다.

양창지(양창제 楊昌濟)와의 만남

마오쩌둥은 다시 학교를 그만두고 이번에는 도서관에 다니며 독학을 시작했다. 그는 도서관 문이 열리면 제일 먼저 들어가 정오가 되어서야 떡 두 쪽을 먹으며 잠시 쉬었고, 도서관 문이 닫힐 때까지 열심히 책을 찾아 읽었다. 힘들고 배가 고팠지만 마오쩌둥에게는 그 어느 때보다 귀중한 시간이었다.

세계 지리와 세계 지도를 구경한 것도 바로 이 시기였으며, 소련, 미국, 영국 등을 비롯해 중국이 아닌 다른 나라의 역사와 지리에 대해서 진지하게 공부했던 것도 바로 이때였다.

도서관에서 여섯 달을 보내며 마오쩌둥은 자신의 진로를 심각하게 고민하였고 마침내는 교직이 가장 잘 어울린다는 결론을 내렸다. 다시 신문 광고를 뒤적이던 마오쩌둥은 후난사범학교에 가기로 결정한다. 수업료가 없으며 숙식비가 저렴하다는 까닭 때문이었다.

입학 논문 시험에 통과한 마오쩌둥은 이제 다른 학교를 기웃거리지 않고 5년이라는 긴 시간 동안 학교를 다녀 마침내 졸업장을 손에 넣었다. 그리고 무엇보다도 마오쩌둥에게 중요한 사건은 바로 그의 인생에 가장 커다란 영향을 미친 한 사람을 알게 됐다는 점이었다. 털보 위안 선생과 탕(唐) 씨 성을 가진 선생을 만난 것도 마오쩌둥에게 커다란 영향을 미쳤지만, 양창지만큼 특별하지 않았다.

양창지와의 만남은 분명 마오쩌둥에게는 커다란 행운이었다. 그를 만나지 않았다면 어쩌면 마오쩌둥은 평범한 삶을 살았을 것이고, 중국의 역사는 우리가 알지 못하는 방향으로 바뀌었을 것이다.

양창지는 1870년 창사에서 태어났다. 그는 일본, 독일, 영국의 여러 학교를 다니며 서양 철학을 배웠으며 중국의 전통 철학에도 상당히 조예가 깊은 인물이었다. 후난사범학교에서는 사회과학을 가르쳤으며, 학생들에게 자신의 생각을 주입하려고 하지 않고, 학생들 스스로 무엇인가를 생각하게 만들려고 노력했다.

그는 이상주의자였고 고결한 도덕을 지닌 사람이었다. 또한 그는 체육에도 남다른 관심을 가지고 있었다. 그 덕분에 몸의 소중함을 깨달은 마오쩌둥은 1915년 친구들과 함께 후난성의 5개 현을 돌아다니는 여행을 떠나기도 했다.

친구들과의 여행을 통해서 마오쩌둥은 뜻을 같이하는 더 많은 학생들이 모일 필요가 있음을 느끼고는 곧바로 같은 성향의 친구들을 모으기 시작했다. 신문에 광고를 내는 등 적극적인 행동을 취했지만 그에 대한 답은 겨우 서너 통의 편지일 뿐이었다. 그러나 마오쩌둥은 좌절하지 않고 계속해서 학생들을 끌어 모았다. 그 결과 1918년에는 양창지의 도움을 받으며 '신민학회(新民學會)'를 결성하기도 했다.

신민학회를 결성하고 더 많은 학생들과 나라의 운명에 대해서 의견을 교환하던 그해 마오쩌둥은 학교를 졸업했고, 스승인 양창지는 베이징대학에서 교수직을 제의받았다. 당시 중국에서 모든 새로운 문화의 중심이었던 베이징대학 교수직을 그는 기꺼이 받아들였다.

공산주의에 눈을 뜨다

마오쩌둥과 함께 학교를 다니던 많은 동료들이 교편을 잡거나 외국으로 유학을 준비할 때 마오쩌둥은 베이징으로 떠날 준비를 서둘렀다. 그는 중국에 대해 더 자세히 알고 싶었다. 소련이나 프랑스로 떠나 더 넓은 세계를 알고 싶기도 했지만 당장 시급한 건 나라의 미래였다. 나라가 없이는 아무것도 이룰 수 없다고 그는 생각했다.

몇몇 친구들과 함께 마오쩌둥은 베이징을 향했다. 생각했던 것보다 베이징은 훨씬 더 사치스러운 도시였다. 친구들에게 돈을 빌려 겨우

베이징에 갈 수 있었던 그에게 그곳 생활은 매우 힘들었다. 가장 먼저 해야 할 일은 먹고 자는 것을 해결하는 것이었다. 그러기 위해서는 일자리를 구해야 했다.

마오쩌둥은 베이징대학교에 찾아가 지난날의 스승이었던 양창지에게 일자리를 부탁했다. 여기서 다시 한 번 운명적인 만남이 마오쩌둥을 기다리고 있었다. 양창지는 당시 베이징대학교의 문과대학 교수 겸 도서관 사서로 있던 리다자오(이대소李大釗)에게 마오쩌둥을 소개하며 일자리를 부탁했다. 마오쩌둥은 어렵지 않게 사서 보조로 취직했다. 책을 즐겨 읽는 그에게는 더없이 좋은 자리였다. 그러나 이것만으로 리다자오와의 만남을 운명적이라 할 수는 없을 것이다.

마오쩌둥보다 겨우 네 살 많은 리다자오는 당시 중국 최고 공산주의 지식인이었다. 북양학당(北洋學堂)과 일본의 와세다대학을 졸업한 그는 중국 최초로 공산주의 이론을 사람들에게 알리기 시작했으며, 소련 혁명을 찬양하며 모두 함께 잘사는 중국 건설을 위해 반드시 공산주의가 필요하다고 믿었다.

리다자오를 통해 마오쩌둥은 막연하게 알고 있었던 공산주의에 대해서 좀더 뚜렷이 알아 가기 시작했다. 공산주의는 마오쩌둥에게 분명 매력적인 사상이었다. 그것은 그가 그토록 부정하던 아버지에게서 느꼈던 한계를 뛰어넘을 수 있는 유일한 해결책처럼 보였다. 또한 어려서부터 읽었던 소설 속 지배계급들의 잘못을 바로잡을 유일한 열쇠로

여겨졌다.

재산이 힘이 될 수 없는 모두가 공평한 세계. 그러나 그런 매혹적인 세계를 접하는 마오쩌둥은 혼란스럽기만 했다. 그는 공산주의에 대한 더욱 굳건한 확신을 얻고 싶었다. 그는 더 많은 정보를 얻고 더 많은 이야기를 나누고 싶었지만, 남부 사투리를 쓰는 사서 보조의 말에 귀를 기울이는 사람은 많지 않았다. 그래도 마오쩌둥은 실망하지 않았다. 지칠 줄 모르는 지적 호기심을 채우기 위해 그는 철학회와 신문학 연구회에 가입했다.

베이징에서 생활하는 동안 어정쩡했던 마오쩌둥의 정치 사상은 비로소 급진적으로 변해 갔다. 그리고 그는 사랑에 빠지게 되었다.

창사에서의 활동

후난사범학교에 다닐 때 이미 보았던, 스승 양창지의 딸 양카이후이(양개혜 楊開慧)는 어느새 꼬마 티를 벗고 어른이 되었다. 자기도 모르게 그녀에게 끌리는 마음을 마오쩌둥도 어쩔 수가 없었다. 그러나 아직 사랑이 결실을 맺을 시기는 아니었던 모양이다. 마오쩌둥은 어머니가 위독하다는 소식을 듣고 고향으로 급히 떠나야 했기 때문이다.

고향으로 돌아가는 길은 멀고 험했다. 베이징 생활이 너무나 초라하게 느껴졌고, 수중에 돈도 몇 푼 없었다. 마오쩌둥은 다시 주위 사람들에게 돈을 빌려 1919년 3월 12일 상하이로 가는 기차에 몸을 실었다.

14일 상하이에 도착한 마오쩌둥은 곧바로 고향으로 향하지 않았다. 그곳에서 그는 프랑스로 떠나는 옛 학우들과 20일간 머물면서 몇몇 곳을 여행하기도 했다.

어머니가 위독하다는 소식을 듣고 내려가는 길에 왜 마오쩌둥은 그렇게 머뭇거렸을까. 고향에 돌아가 자랑스럽게 이야기하기 힘든 베이징에서의 초라한 생활 때문이었다.

"아, 그럼 그럼. 리다자오와도 친했지. 어디 그뿐이겠어. 중국의 내로라하는 명망가들이 다 나와 함께 공부하고 그랬다구."

고향에 돌아온 마오쩌둥은 베이징대학교의 간부 직원이었다고 거짓말을 했다. 그리고 그 거짓말 때문이라도 마오쩌둥은 베이징에서 일어나는 급진적인 변화와 그에 따른 자신의 정치적 견해를 고향 사람들에게 말해 주어야만 했다.

창사소학교와 중학교에서 역사 선생으로 취직한 마오쩌둥은 그해 5월 4일 베이징에서 벌어진 사건에 대한 논평을 하기 위해 〈상강평론(湘江評論)〉이라는 주간 신문을 만들기에 이르렀다. 5·4운동이라 불리는 이 운동은 제1차 세계대전에 패배한 독일이 승리국 일본에게 중국 산둥성(산동성 山東省) 권리를 양보하려는 것에 반대하는 베이징 대학생을 중심으로 벌어진 혁명 운동이었다.

〈상강평론〉에 글을 쓸 때까지만 해도 마오쩌둥은 여전히 과격한 공산주의자가 아니었다. 그는 혁명에 참여하는 것은 중국 민중의 마땅한 도리라고 썼다. 그러나 그것이 결코 '피의 혁명' 일 필요는 없다고 썼다.

또 마오쩌둥은 억압자도 우리와 똑같은 피가 흐르는 인간일 뿐이라는 사실을 우리는 받아들여야 한다고 말하며, 그들의 억압적 태도는 낡은 사회와 낡은 사상으로부터 물려받은 일종의 유전적인 전염병 같은 것이라며 안타까워하기도 했다. 다만, 배우지 못한 인민 대중들이 교육을 통해 세계라는 물결을 제대로 읽을 줄 알아야 한다고 했다.

"다만 그 흐름을 타는 자는 살 것이요, 그 흐름을 거스르는 자는 죽을 것이다."

교육을 통한 혁명의 완성을 강조하며, 피의 혁명을 거부했던 마오쩌둥은 그러나 오래지 않아 자신의 생각이 너무 어린 아이와 같은 순진한 생각이었다는 것을 깨닫게 된다. 7월 14일 발행되기 시작한 〈상강평론〉이 겨우 4호째 나왔을 때 신문은 지역 군벌 장징야오(장경요張敬堯)에 의해 강제 폐간된 것이다. 마오쩌둥과 학생들은 비록 큰 피해는 없었지만, 혁명에 참여한 많은 농민들은 장징야오의 군대에 의해 죽음을 당하는 경우가 속출했다. 그들에 맞서기 위해서는 좀더 신중한 자세와 더 큰 힘이 필요하다는 것을 마오쩌둥은 절감하게 된다.

그때부터 마오쩌둥은 후난성에 '통일학생연맹' 을 조직해 장징야오에 대한 반대 시위를 벌이기 시작했다. 그러나 돌아온 것은 역시 암담한 패배뿐이었다. 학교는 마침내 장징야오에 의해 폐쇄당했고 그런 상황에서 마오쩌둥이 할 수 있는 일은 그리 많지 않았다. 그러던 어느 날, 몸이 좋지 않았던 어머니가 세상을 떠났다. 마오쩌둥은 다시 베이징에 가기로 결심했다.

공산주의를 받아들이다

후난성의 혁명을 위해 베이징의 공산주의자들에게 도움을 청하기로 마음먹은 마오쩌둥은 우선 그의 스승 양창지부터 찾아갔다. 그러나 공교롭게도 양창지는 병들어 있었다. 다른 모든 것들을 제쳐두고 마오쩌둥은 양창지를 돌보기 시작했다. 사랑하는 사람의 아버지였고, 무엇보다 그에게 새로운 세상을 열어 준 고마운 스승이었다.

마오쩌둥의 헌신적인 노력에도 양창지는 결국 1920년 1월 17일 세상을 떠났다. 어머니에 이어 사랑하는 또 한 사람을 잃는 순간이었다. 그리고 며칠 뒤 고향 창사에서 아버지의 죽음이 전해졌다. 아버지에 대한 증오 때문이었을까. 마오쩌둥은 고향에 내려가지 않고 양카이후이 곁에 머물며 그녀를 돌봐 주었다.

그러는 동안 두 사람의 사랑은 점점 커져만 갔다. 마침내 1920년 후반, 두 사람은 창사에 보금자리를 마련하고 신혼살림을 시작했다. 주위 사람들을 불러 놓고 함께 살기로 한 다짐을 밝히는 것으로 결혼식을 대신했다. 가까운 몇몇 사람이 두 사람의 사랑을 축하해 주었다.

양창지의 장례를 치르고 창사에 와서 양카이후이와 새로운 살림을 꾸리는 동안 마오쩌둥의 삶은 커다란 변화를 맞이했다. 양창지의 장례를 치르는 동안 더욱 각별해진 리다자오를 통해 마오쩌둥은 더 많은 공산주의 이론을 접할 수 있었다. 비로소 그는 후난성의 실패가 어디에서 비롯되었는지를 알게 되었다.

또 그 시기에 마오쩌둥은 베이징대학교 사서 보조 시절 만났던 천두슈(진독수陳獨秀)를 만나기 위해 상하이 여행을 다녀오기도 했다. 천두슈 역시 리다자오와 더불어 중국 최고의 공산주의 지식인 가운데 한 사람이었다. 천두슈는 1919년 소련 공산주의자들과의 교류를 통해 중국 공산당 창설을 준비하고 있었다. 마오쩌둥은 천두슈에게 후난 혁명을 도와달라고 부탁했고 그를 만나고 돌아오면서 공산주의에 대한 더욱 뚜렷한 가치관을 세울 수 있었다.

대중들이 집단적인 투쟁을 통해서 정치적인 힘을 획득할 때에야만 비로소 혁명은 완수될 수 있다는 것을 마오쩌둥은 알게 된 것이다. 그가 그런 단순한, 그래서 더욱 놓치기 쉬운 사실을 깊이 되새기던 1920년 7월, 창사의 장징야오는 마침내 다른 경쟁자들에 의해 축출되고 만다.

마오쩌둥은 모교인 후난사범학교의 부속 소학교 교장이 되어 양카이후이와 함께 창사로 돌아왔다. 그러고는 곧바로 그때까지 그가 배우고 깨달았던 것들을 실행에 옮기기 시작했다.

가장 먼저 '문화서사(文化書社)'라는 공동 서점을 열었고, 노동자들을 정치적으로 조직하기 시작했다. 그런 활동을 거듭하면서 마오쩌둥은 점차 공산주의자가 되어 가고 있었다.

4. 투쟁의 시절, 진정한 공산주의를 꿈꾸다

나룻배 위에서 열린 초라한 공산당 회의

1921년 7월 초, 경찰의 삼엄한 감시를 피해 일단의 젊은이들이 상하이로 모여들었다. 후난성 창사에서 활동하던 지방의 젊은 공산주의자 마오쩌둥도 끼여 있었다. 그러나 그때까지 그는 재산이나 토지를 소유하지 못한 가난한 민중을 지칭하는 프롤레타리아가 무슨 뜻인지도 정확히 알지 못했다. 그만큼 그는 순수하고 소박하게 공산주의를 받아들였던, 아니 이제 막 공산주의라 일컬어지는 마르크스주의를 알게 된 젊은 사회활동가일 뿐이었다. 그러나 그가 받아들인 공산주의란 사상 때문에 그는 길고 긴 투쟁과 고난의 세월을 보내야 했다.

1921년 5월, 중국 공산당 제1차 전국대표회의에 참가하기 위해 사랑하는 아내를 두고 창사에서 상하이로 출발하면서 그의 투쟁은 시작되었다.

당시에 중국 공산당원은 53명에 지나지 않았다. 물론, 그렇지 않은 사람도 몇 명쯤은 있었겠지만 그들 대부분은 마오쩌둥처럼 공산주의에 대한 정확한 의미조차 잘 알지 못했다. 그것은 1920년 11월에 창당한 중국 공산당의 창당 선언문을 보면 잘 알 수 있다.

그들은 모든 것을 공동으로 소유하고 관리하는 사회 건설을 기본 이념으로 삼았으며, 계급투쟁을 통한 자본주의 타도를 목표로 삼았다. 그것이 성공할 때 계급도 나라도 없는 모두 평등한 사회가 될 것이었다. 그러나 이는 당시 중국의 현실과는 너무나 동떨어진 것이었다. 중국은 제국주의의 그늘 아래 있었으며, 여전히 지역 군벌들이 정부를 대신해 권력을 행사하고 있었다. 청나라는 이미 혁명에 의해 무너졌지만, 혁명을 이용했던 군벌들은 새로운 정부의 중요한 자리를 차지한 뒤 혁명 세력들을 배신하며 그들을 불법으로 몰아붙였다.

공산당을 비롯해 모든 좌경 세력들을 불법으로 간주하는 현실에서 중국 공산당 제1차 전국대표회의를 성공리에 치르기는 쉽지 않았다. 대회는 7월 23일 시작되었다. 대회를 마련한 천두슈와 리다자오는 감시의 눈길 때문에 그 자리에 참석하지 못했다. 아쉬움이 컸지만 어쩔 수 없는 노릇이었다. 이것이 당시 중국 공산주의자들이 처한 엄연한 현실이었다.

그들은 사뭇 진지한 분위기에서 중국 공산당의 미래를 의논하기 시작했다. 이 모임에는 중국 공산당을 돕기 위해 참석한 네덜란드 공산주의자 스네블리트(Sneevelit)와 이르쿠츠크 공산주의자 니콜스키(Nikolsky)가 참석해 있었다. 외국에서 온 공산주의자들은 중국이 공산혁명을 성공하기 위해서는 자본가들과 힘을 합치는 것이 반드시 필요하다고 했다. 그러나 그것은 중국 공산주의자들에게 받아들일 수 없는 의견이었다. 더 이상 의논은 진전이 없었다. 회의가 끝나 갈 무렵 그들이 모여 있던 주택에 낯선 사람이 찾아들었다.

"누, 누구시죠?"

아무래도 수상해 모여 있던 사람 가운데 한 사람이 물었다.

"아, 아닙니다. 죄송합니다. 아무래도 집을 잘못 찾은 것 같군요."

낯선 사람은 집을 잘못 찾았다고 변명했지만 그들은 그가 경찰이라는 걸 직감할 수 있었다.

"어서 이곳을 피해야 할 것 같아. 다른 곳으로 옮기자고."

경험이 많은 외국인 공산주의자가 말했고 모두들 그의 의견에 따랐다. 그리고 그들이 집을 비운 직후 경찰들이 들이닥쳤다.

다행스러운 일이었지만 행사를 치를 장소를 빼앗긴 그들은 난감했다. 어쩔 수 없이 행사 장소를 옮겨야 했다. 그러나 아무래도 마땅한 곳이 없었다. 그들은 나룻배를 한 척 빌려 흐르는 강물 위에서 회의를 갖는 것으로 중국 공산당 제1차 전국대표회의를 마쳐야만 했다.

당에서 내린 첫 번째 임무

시작은 비록 초라했지만 중국 공산당은 지부를 통해 조금씩 세력을 넓혀 나갔다. 모든 계급을 타파하고, 모든 재산을 공동으로 한다는 공산당의 강령은 분명 그 어떤 이론보다 매혹적이었다.

나룻배 위에서 열린 마지막 회의에는 중국인과 언쟁을 벌인 두 외국인은 참석하지 않았다. 중국 공산주의자들은 중국 실정에 맞는 공산주의의 발전에 대해 짧지만 격렬한 논쟁을 나눴다.

이 논쟁을 통해 그들은 자본가와는 어떠한 타협도 이룰 수 없다고 결론지었다. 혁명은 노동자들이 중심이 되어 이루어야 한다는 것이 그들의 생각이었던 것이다. 그러나 노동자 스스로 혁명을 수행할 수는 없다고 판단했다. 노동자들을 혁명에 참여시키기 위해서는 교육과 모임을 통한 깨우침이 필요할 것이라고 그들은 결론 내렸다.

각 지역에 당 지부를 만들라는 것이 전국대표회의에서 결정한 첫 번째 임무였다. 1921년 10월, 마오쩌둥은 중국 최초의 공산당 지방 지부를 후난성에 만들었다. 후베이성과 산시성, 광둥과 베이징 등 다른 곳에서도 속속 지부가 만들어졌다. 그리고 모스크바에서부터 일본, 그리고 멀리 프랑스에서도 중국 공산당 지부가 만들어졌다.

마오쩌둥이 두각을 나타내기 시작한 것은 바로 이 시기부터였다. 가

장 먼저 지부를 만들어 낸 그의 방법은 기발했다. 그는 당의 임무를 받고 창사에 돌아와 새로운 신식 학교를 설립했다. 공산당을 불법으로 보았던 군벌들에게조차 겉으로 보기에는 전혀 문제가 없어 보이는 이 학교에서 마오쩌둥은 수많은 공산당원을 배출했다. 공산주의에 대한 마오쩌둥의 강한 신념을 확인하고 학생들은 공산주의를 받아들였고, 스스로 후난성의 다른 학교를 찾아가 공산주의 이론을 설파했다.

공산주의 이론에 마음을 열고 공산당원이 된 그들은 광부, 철도 노동자, 인쇄공들을 찾아다니며 20개 이상의 노동조합을 조직했다. 그것은 실로 엄청난 결과였다. 아무도 눈여겨보지 않던 지역의 공산주의자 마오쩌둥은 그토록 짧은 시간에 당에서 가장 뛰어난 젊은 당원으로 탈바꿈하고 있었다.

아직 지부가 없는 지역에 침입해서 지부를 결성하고 노동조합을 만들 것. 그들과의 견고한 관계를 통해 전국적인 조합 결성을 이룰 수 있도록 노력할 것.

11월, 당 중앙위원회에서 마오쩌둥에게 내려 보낸 지령에는 그런 내용이 적혀 있었다. 역시 그는 새로운 임무도 잘 수행했다. 지령이 내려지기 몇 달 전부터 관광객으로 위장해 장시성(강서성 江西省) 탄광 노동자들을 만나 공산당에 대해 이야기했던 터였다. 그의 노력에 따라 후난성 주변의 거의 모든 노동자들은 노동조합을 결성했고 학생들은 조직화되었다. 혁명의 불씨가 그렇게 서서히 잉태되고 있었다.

국민당과의 협력

1922년 9월을 시작으로 마오쩌둥에 의해 조직된 많은 노동조합들이 파업에 들어갔다. 가장 먼저 일어난 것은 목수들의 파업이었다. 파업의 승리로 목수들의 열악한 환경은 어느 정도 개선되었다. 이러한 성공은 인쇄공과 광산 노동자들의 파업으로 이어졌다. 대부분의 파업은 성공했다.

마오쩌둥의 아내와 두 동생들도 파업을 주도했다. 특히 아내 양카이후이의 노력은 대단했다. 첫아이를 임신해서 점점 불러 오는 배를 부여잡고 농촌을 찾아다니며 농민들을 위한 노력을 아끼지 않았다. 그러던 1922년 10월, 첫 번째 아들 마오안잉(모안영毛岸英)이 태어났다. 새로 태어난 아이에게 마오쩌둥과 양카이후이는 바르고 참된 세상을 선물하고 싶었다.

파업이 성공하면서 더 많은 곳에 노동조합이 생기고 더 많은 공산당원이 생겼지만 여전히 공산당의 힘은 미약하기만 했다. 당 중앙위원회는 새로운 길을 모색해야만 했다. 마오쩌둥이 아내의 임신과 노동조합 결성에 바빠 참석하지 않았던 제2차 공산당회의에서 대표단은 공산당의 미래에 대해서 토론했다. 여러 가지 방안이 나왔고 그 가운데 하나가 소련 공산당의 지시에 따른 국민당과의 결합이었다.

공산당과 국민당은 너무 많은 차이점이 있었다. 공산당이 공동체를 주장한다면, 쑨원이 이끄는 국민당은 사유 재산을 인정했다. 차이는 그뿐이 아니었다. 공산당은 노동자를 중심으로 한 순수한 민중이 주체였다면, 국민당은 미국과 군벌, 심지어 친일 정치인까지 포함한 집단이었다.

이런 차이점을 들어 천두슈를 비롯한 몇 명이 국민당과의 협력을 반대했다. 그러나 리다자오를 비롯한 이미 많은 대표들은 국민당과의 협력이 절대적으로 필요하다고 말했다. 공산당원은 1년 전에 비해 무려 네 배 이상 불어나 195명이었지만, 전체 중국 인구를 생각할 때 그것은 아주 적은 수에 불과했다. 공산당은 가난했고, 국민당은 부유했다. 이미 상당한 힘을 갖고 있는 국민당과의 결합을 통해 당파를 떠나 흔들리는 중국을 바로 세울 수 있을 것이라고 많은 공산주의자들이 생각했던 것이다.

중국이 국민 혁명을 완수하려면 통일된 보편적인 국민 혁명당이 있어야 함을 우리는 잘 알고 있다. 국민당은 이런 역사와 사명을 가진 정당이며, 우리나라에서는 유일한 정당이다. 따라서 우리 공산당원들은 과감하게 국민당에 가입한다. 우리는 개인의 욕심을 위해서도, 또 국민당의 힘을 빌려 공산당의 세력을 넓히려는 것도 아니다.

리다자오가 위와 같이 성명서를 발표하며 가장 먼저 국민당에 입당했다. 그리고 국민당과의 협력을 반대하던 천두슈 역시 입당하게 되었다. 뒤를 이어 마오쩌둥을 비롯한 많은 공산당원들이 국민당에 입당하기 시작했다. 바로 제1차 국공합작(國共合作)이었다.

사랑과 혁명의 사이에서

국공합작이 이루어진 1923년부터 공산당의 활동은 본격화되기 시작했다. 든든한 후원자를 등에 업고 공산당은 서서히 당원은 늘려 나갔다. 그러나 그것은 리다자오가 이미 말했던 것처럼 공산당만을 위한 행동은 아니었다. 공산당은 국민당과 힘을 합쳐 그때까지 여전히 중국 개혁의 걸림돌이었던 군벌에 대항할 준비를 서둘렀다.

공산당의 활동이 본격화되면서 마오쩌둥의 삶 또한 바쁘게 돌아가기 시작했다. 1923년 봄, 둘째 아이를 임신한 아내를 두고 마오쩌둥은 광둥성 광저우(광주廣州)로 떠나야 했다. 중국 공산당 제3차 전국대표회의에 참석하기 위해서였다. 이 회의를 통해 마오쩌둥은 당 중앙위원회 위원과 당 조직부장에 선출된다. 지방 공산주의자에서 중앙으로 진출하는 순간이었다. 그러나 마오쩌둥의 마음은 그리 편하지 않았다. 사랑하는 아내를 두고 상하이로 떠나야 했기 때문이었다.

손을 흔들며 이제 떠나가네

서글픈 마음을 감추며 쓸쓸한 눈길을 주고받자니

쓰라린 심정이 더욱 안타까워라

눈과 눈썹에 서린 한은

뜨거운 눈물로 글썽거리네

지난번 잘못된 사랑의 오해는

구름과 안개 걷히듯 거두었지만

이 세상 진정한 친구는 그대와 나뿐

우리 사이의 아픔을

하늘이나 알까?

새벽, 동문 밖에는 두터운 서리가 내리고

연못 속에 담긴 새벽달이

이토록 슬픈 우리의 마음

기적 소리마저 구슬픈데

나는 하늘 아래를 떠도는 홀몸이려니

이제 모든 수심과 원한을 끊어야 하리

곤륜산에 떨어지는 벼랑처럼

태풍에 쓸려 가는 누리처럼 살아야 하리

다만 날개를 펴고

구름을 날아 본다네

1923년 12월, 마오쩌둥은 아내에게 시를 써서 바치고 광저우로 떠났다. 혁명이 아니었다면, 중국의 미래를 위해 떠나는 길만 아니었다면 마오쩌둥은 그대로 주저앉아 아내와 오순도순 살고 싶었다. 그러나 역사는 마오쩌둥을 원했고, 그는 그 부름에 충실히 대답했다.

상하이에서 마오쩌둥은 그야말로 눈코 뜰 새 없이 바쁜 날들을 보냈다. 1924년, 마오쩌둥은 다시 광저우로 가서 국민당 제1차 전국대표회의에 참석했다. 그는 국민당에서 24명의 중앙집행위원 다음으로 높은 자리인 17명의 후보위원으로 선출된다. 공산당과 국민당에서의 폭넓은 활동은 마오쩌둥에게 더 많은 것들을 배우게 하는 좋은 계기가 되었다.

국민당 제1차 전국대표회의를 마치고 다시 상하이로 돌아온 마오쩌둥은 공산당 중앙조직부 부장과 국민당 중앙선전부의 대리 선전부장을 동시에 맡아 능숙하게 처리했다. 그리고 그해 여름에 훗날 많은 혁명 전사들을 배출하는 황푸군관학교가 설립되었다.

농민에게서 찾은 희망

1924년 7월, 국공합작에 먹구름이 드리우기 시작했다. 그러나 아무도 먹구름의 정체를 알지 못했다. 대부분의 공산당원들은 이제 국민당과 연합하여 얻게 된 이익과 편안함에 젖어 있었다. 그러나 마오쩌둥과 천두슈 등 몇몇 공산주의자들만은 그 먹구름의 정체를 파악하려고 노력했다.

먹구름이 드리우기 시작한 것은 국민당을 이끌던 쑨원의 병이 깊어 가면서 장제스(장개석 蔣介石)을 위주로 한 국민당 우파의 세력이 커지면서부터였다. 공산당을 반대하는 국민당 우파의 입지는 서서히 강화되었지만, 그것이 국공합작의 파탄을 가져다줄지도 모른다고 생각하는 사람은 많지 않았다. 마오쩌둥이 살펴본 바에 따르면 국민당 우파는 군벌과 상인을 회유하기 시작했으며, 그것을 통해 농민 운동을 탄압할 준비를 하고 있었다. 그런 여러 가지 정황들이 국공합작은 오래 지속될 수 없다고 말해 주고 있었다.

마오쩌둥은 국공합작이 깨질 가능성과 그에 따른 대비책을 미리 세워야 한다는 보고서를 천두슈와 함께 공동으로 작성해 공산당에 제출했다. 그러나 아무도 그들의 주장에 귀를 기울이지 않았다.

마오쩌둥이 사태를 잘못 판단하고 있는지도 몰랐다. 그러나 그는 자신의 판단이 맞아떨어질 경우에 도래할 파국에 대해 생각했다. 학교에 다닐 무렵, 마오쩌둥은 군벌에 의해 목이 잘린 시체들을 보았다. 참으로 끔찍한 일이었다. 어쩌면 그런 끔찍한 일이 다시 벌어질지도 몰랐다. 국민당 우파는 이미 상당수의 군벌과 친했으며, 황푸군관학교를 통해 막강한 군사력을 쌓아 가고 있었다.

그런 생각들은 마오쩌둥을 흔들리게 했다. 두려운 것인지도 몰랐다. 사랑하는 아내와 아들을 두고 이대로 죽을 수는 없는 노릇이었다. 갑자기 모든 것이 허무해졌고, 쉬고만 싶었다.

"저는 병들었어요. 너무 지치기도 했구요. 도저히 맡은 일들을 처리할 수 없습니다."

병을 핑계로 1925년 2월 마오쩌둥은 고향에 돌아왔다. 그는 이제 남은 날들을 어떻게 보낼 것인지 생각했다. 고향 땅에서 평범한 농부처럼 늙어 가고 싶었다. 남부 사투리를 쓰면서, 땅의 기쁨과 슬픔만을 받아먹으며 살겠다고 그는 다짐했다.

"혁명은 아직 끝나지 않았다"

쑨원은 이렇게 유언을 남기고 1925년 3월 끝내 숨을 거두었다. 국공합작을 통해 꼭 중국의 혁명을 이루라는 뜻이 담겨 있음을 많은 사람들이 알고 있었다. 그의 뜻을 받들어 1925년 5월 30일 공산당과 국민당에 의해 상하이 최초의 노동조합연맹이 시위를 벌였다. 상하이는 그 당시에 외국인에 관한 치외법권 지역이었다. 시위대는 상하이의 치외법권을 해지할 것을 요구했다. 영국인 경찰들이 시위대를 향해 총을 발포했다. 여러 명이 목숨을 잃고, 많은 사람이 다쳤다.

멀리서 농부들과 함께 이 사건을 들은 마오쩌둥은 착잡하기만 했다. 그러나 농부들의 반응은 의외였다. 농부들은 영국을 욕하며 빨리 힘을 키워 다시 강한 중국을 건설해야 한다고 말했다. 한번 말문이 열리자 5·30 사건뿐만 아니라 당시 정세와 혁명에 관해 자신의 의견을 강하게 내세우는 농부도 있었다.

그때 갑자기 마오쩌둥의 머릿속에 몇 가지 생각이 번개처럼 스치고 지나갔다. 그렇게 스치고 지나가는 생각을 그는 결코 놓치지 않았다.

농민은 중국 인구의 80퍼센트를 차지했다. 왜 그때까지 농민들을 혁명의 주체로 생각하지 않았을까. 왜 농민들 사이에서 벌어지는 계급 모순과 그에 따른 투쟁의 심각성을 제대로 깨닫지 못했을까. 왜 한 번도 농민에 의한 혁명이야말로 가장 완벽한 공산혁명이라는 것을 알지 못했을까. 마오쩌둥은 반성하고 또 반성했다.

마오쩌둥은 집에서 뛰쳐나와 농민들을 조직하기 시작했다. 노동자와 학생을 조직했던 경험과 새로운 깨달음이 그에게 커다란 힘을 주었다. 몇 달이 지나지 않아 20개 이상의 농민조합이 만들어졌고, 그들은 지주들에게 대항하기 시작했다.

그런 행동들이 지주들을 화나게 만들었다. 지주들은 후난성의 군벌에게 마오쩌둥을 체포하라고 요구했다. 처음에 지주들의 요구를 무시하던 군벌도 사태가 점점 심각해지자 마오쩌둥을 체포하려 했다.

어쩔 수 없이 마오쩌둥은 밤에 몰래 마을을 빠져나와 광저우로 향해야 했다.

'그래, 농민이었어. 농민. 농민을 위한 혁명이 아니고서 중국의 혁명은 반쪽일 뿐이다. 지금까지 모든 행동은 진정한 혁명을 위한 작은 시작일 뿐이구나. 그런데도 나는 그렇게 우쭐대며 살았다니…… 이제

다시 시작하는 거야. 농민들과 함께, 농민 속으로, 농민 혁명으로, 농민을 통한 희망으로…….'

눈앞은 칠흑같이 어두웠지만 머릿속은 새로운 희망으로 밝게 차올랐다.

농민 속으로, 농민과 함께

1925년 10월, 무사히 광저우로 돌아온 마오쩌둥은 이제 국공합작의 실패 따위는 두렵지 않았다. 두려운 것은 쉽게 희망을 버렸던 어리숙한 자신이었다.

국공합작 파탄의 먹구름을 감지하면서도 광저우에서 다시 국민당의 선전부서에서 일하기 시작한 것은 희망 때문이었다. 당분간은 국민당과 공산당을 통해 농민 속으로 들어갈 필요가 있다고 느꼈던 것이다.

돌아온 마오쩌둥은 펑파이(팽배彭湃)가 1924년에 설립한 광저우의 농민 운동 강습소 주임으로 취임했다. 그곳에서 그는 매우 열성적으로 일했다. 후난에서 농민들을 조직했던 경험이 좋은 바탕이 되었다. 또한 그 경험은 공산당의 농민 운동에 대한 연구와 글을 쓰는 데에도 도움이 되었다.

농민에 관한 글에서 마오쩌둥은 공산당 주도 하에 급진적인 토지 정책과 강력한 농민 조직화가 필요하다고 썼다. 그러나 많은 사람들이 그의 의견에 반대했다. 특히 천두슈의 반대가 가장 심했다. 그러나 마오쩌둥은 실망하지 않았다.

1926년 2월, 그는 다시 농민 속으로 들어가기 위해 2주간의 특별휴가를 얻었다. 마오쩌둥은 다시 한 번 후난성에 돌아가서 농민과 함께 생활하며 농민 운동의 가능성을 살폈다. 그리고 그해 5월에는 공산당과 국민당으로부터 정식적인 농민 운동에 대해 조사하라는 지시를 받고 후난성에 파견되었다.

후난성 5개 현의 농민 조직과 정치 상황을 조사한 마오쩌둥은 다시한 번 농민 운동의 중요성과 그에 걸맞는 새로운 노선의 필요성을 강력히 주장하는 '후난성 농민 운동 시찰 보고서'를 당에 제출했다.

"빈농이 없으면 혁명도 있을 수 없다."

마오쩌둥은 보고서에 이렇게 썼다. 지주들의 땅을 몰수해서 모든 농민들에게 공평하게 재분배해야 한다는 그의 제안이 후난성 지부에서통과되었다. 그러나 중앙위원회는 마오쩌둥의 제안을 거부했다. 그러나 그는 실망하지 않았다. 그럴 만한 여유도 없었다.

1926년 7월, 군벌을 타도하려는 공산당과 국민당의 연합전선이 움직이기 시작했던 것이다. 장제스를 총사령관으로 한 혁명군은 민중의전폭적인 지지를 얻으며 북으로 북으로 물밀듯이 쓸고 올라갔다. 후난과 후베이, 푸젠(복건福建)과 저장(절강浙江), 장시(강서江西)와 안후이(안휘安徽), 이렇게 6개 성은 삽시간에 혁명군의 세력 아래에 들어왔다. 이제 북방의 군벌 장쭤린(장작림張作霖)과의 싸움에서만 승리한다면 비로소 완전한 혁명이 이루어지고 중국에는 새로운 희망의 시대가 열릴 것이었다.

승리, 혹은 재앙

혁명군의 승리는 중국 전체를 새로운 희망으로 물들였다. 마오쩌둥의 기쁨은 남달랐다. 그는 농민들을 혁명 전사로 키웠고, 그들로 하여금 북벌에 참여하게 했다. 모두들 불가능하다고 말했던 일이었다. 그러나 농민에 대한 희망, 그 하나로 마오쩌둥은 불가능을 가능으로 바꾸어 놓았다. 농민은 이제 혁명의 가장 중요한 주체였고, 농민이 바로 혁명이었다. 많은 사람들이 마오쩌둥의 그런 주장에 회의적이었지만 그는 믿음을 버리지 않았다. 그것은 겨우 1년 사이에 마오쩌둥 스스로 느낀 변화였다. 1년 전이었다면 결코 농민과 함께 혁명을 이루지 못하였으리라.

이제 마오쩌둥은 농민 혁명에 대해 자신이 쌓아 온 경험과 기술을 나누어야 할 때가 왔다고 생각하고 다시 한 번 농민들과 시간을 갖기로 했다.

1927년 1월과 2월 고향인 후난성을 조사한 뒤 마오쩌둥은 확신에 찬 보고서를 작성했다.

이제 우리의 가장 강력한 혁명 주체는 농민들이 되었다. 농민들의 의

견에 따라 혁명과 혁명 주체들은 새로이 수용될 것이다. 농민과 함께 혁명을 이룰 것인가? 농민들을 등지고 그들을 비판할 것인가? 여전히 농민들과 맞서 싸울 것인가? 중국 인민은 이제 이 세 가지 선택 앞에 놓여 있다.

마오쩌둥의 열성적인 노력에도 중국 공산당 중앙위원회는 농민을 혁명의 주체로 받아들이지 않았다. 더욱이 국민당의 배신으로 국공합작이 깨지면서 공산당원들은 자신의 목숨을 돌보기에도 정신이 없었다.

1927년 3월, 혁명군의 상하이 입성의 숨은 주역은 상하이 노동자들이었다. 다른 지역에서 혁명군이 군벌을 물리치고 있다는 소식에 고취된 상하이의 노동자들은 무장봉기를 통해 혁명군의 상하이 입성을 도왔다.

그것은 참으로 아름다운 승리였다. 그러나 장제스에게 그것은 두려운 승리였다. 비록 군벌을 물리치기 위해 공산당과 손을 잡고 있지만, 이대로 있다가는 자신의 정치적 권력을 모두 공산당에게 뺏길지도 모른다는 생각이 그의 마음을 들쑤시기 시작했다.

혁명군의 승리는 결국 공산당을 향한 엄청난 재앙으로 다가왔다. 1927년 4월 12일, 장제스와 국민당 우파 인사들은 공산당을 제거하기로 마음먹고 공산당을 향해 난도질을 시작한 것이다. 일찍이 마오쩌둥이 느꼈던 검은 그림자가 그 실체를 드러내는 순간이었다. 그러나 지난날, 마오쩌둥과 같이 국공합작의 파탄에 대비해야 한다고 말했던 천두슈는 이미 당 총서기라는 권력의 맛에 길들여져 있었다. 그는 민중보다는 자신의 기회를 더 소중히 여겼다. 공산당은 그렇게 아무런 대비책도 마련하지 못하고 커다란 재앙을 맞이할 수밖에 없었다.

노동조합에 대한 습격을 시작으로 장제스의 비밀 군대는 60여 명의 공산주의자를 살해했다. 갑작스런 이 상황에 대처하기 위해 곧바로 상하이의 노동자들이 총파업을 선언했지만 오히려 더 많은 희생을 가져올 뿐이었다. 장제스 군대는 무자비하게 시위대를 향해 총을 난사하기 시작했다. 겨우 3일 사이에 3,000명이 넘는 사람이 죽었고 1만여 명에 가까운 사람이 다치거나 실종됐다. 혁명을 위한 모든 약속이, 혁명을 위한 모든 노력이 한순간에 물거품이 되는 순간이었다.

5. 고난의 시절, 붉은 혁명을 꿈꾸다

리다자오의 죽음, 그리고 고난의 시작

마오쩌둥에게, 그리고 공산당에게 닥친 고난은 그렇게 시작되었다. 무엇보다 마오쩌둥의 가슴을 아프게 한 사건은 리다자오의 죽음이었다. 장제스가 공산당에 대한 음모를 꾸미던 4월 초, 북방 군벌 장쭤린의 군대에 체포된 리다자오는 서른여덟이라는 아까운 나이에 총살당했다.

"내 비록 너희들의 손에 죽는다지만, 결코 공산주의를 죽이지는 못할 것이다. 우리의 많은 동지들은 나의 죽음 위에서 더욱 커 나갈 것이다. 이미 붉은 꽃씨는 중국 전역에 뿌리내렸다."

자신을 향한 총구 앞에서 리다자오는 죽음을 두려워하지 않고 공산주의 만세를 외쳤다. 그리고 그의 외침처럼 공산주의의 붉은 꽃씨들은 중국 전역에서 싹을 틔울 준비를 하고 있었다. 그러나 싹을 시샘하는 꽃샘추위는 너무 길고 매서웠다.

가슴이 쓰라린 일이었지만 마오쩌둥은 길을 재촉했다. 공산주의를 열망하는 리다자오의 뜻을 조금이라도 늦추기 싫었다. 그는 서둘러 고향을 떠나 아직 공산당에게 등을 돌리지 않은 국민당 좌파를 찾아 우한으로 향했다. 많은 공산당 지도부들은 소련이나 다른 안전한 곳으로 달아났지만 마오쩌둥은 위험 속에 스스로 몸을 던졌다. 그러나 그가 손써 볼 겨를도 없이 장제스와 국민당 우파의 힘에 밀린 우한의 좌파들이 공산주의자를 포기하고 장제스의 뜻을 따르기로 결정했다.

그제서야 공산당 중앙위원회는 농민을 통한 혁명의 필요성을 강조하던 마오쩌둥의 의견을 받아들였다. 농민을 통한 혁명의 불꽃을 다시 불태우라고 그에게 명령한 것이다.

많은 농민들이 장제스의 국민당에 의해 죽거나 도망간 뒤였다. 그런 현실에서 농민을 규합하고 새로운 혁명을 이루어내기란 쉽지 않았다. 그러나 마오쩌둥은 포기하지 않았다. 중국에 농민이 있는 한 그는 결코 멈추지 않을 터였다. 다만, 새로운 방법이 필요하다는 것을 그는 절실히 깨우쳤다. 힘에 대항하기 위해서는 힘을 키워야 한다는 사실을, 군사력을 키워야만 혁명의 성공을 이룰 수 있다는 사실을 깨달았던 것이다.

우리 공산당은 이제 힘에 대한 고민을 해야 할 때가 왔다. 강한 권력
이 없이 혁명은 완수될 수 없으며, 권력은 총구에서 나온다는 사실을
깨닫고 명심해야 한다.

공산당 중앙위원회에 보내는 보고서에 마오쩌둥은 이렇게 썼다. 그
것은 마오쩌둥의 삶에 커다란 변화를 예고하는 것이었다.

처음에 마오쩌둥은 피와 폭력을 거부하는 부드러운 혁명을 원했다.
그러나 이제 강력한 힘이 필요했다. 짐승을 죽이고, 다른 나라 사람을
죽이고, 마침내는 같은 민족끼리 죽여야 하는 그 무서운 세상을 종식
시키고, 모두가 평등한 세상을 위한 어쩔 수 없는 선택이었다.

우한으로 가는 길을 돌려 고향에 돌아온 마오쩌둥은 다시 농민들을
모으기 시작했다. 국민당에게 당하기 전까지 백만 명이 넘던 농민 조
직원들은 겨우 수천 명에 지나지 않았다.

붉은 부대, 홍군의 탄생
얼마 되지 않는 후난성 농민들로 국민당에 대항하기에는 역부족이
었다. 마오쩌둥은 다시 한 번 혁명의 불길이 일어 시들해진 농민들의
마음속에 혁명의 불길을 지펴야 한다고 생각했다. 이제 공산당원들은

군벌과 함께 국민당의 눈도 피해야 했다.

국민당의 눈을 피해 중국을 떠나지 않은 공산당원들이 장시성의 난창(남창南昌) 인근에 모여들었다. 마오쩌둥을 비롯해, 주더(주덕朱德), 저우언라이(주은래周恩來), 허룽(하룡賀龍), 천이(진의陳毅), 린보취(임백거林伯渠), 리리싼(이립삼李立三), 장궈타오(장국도張國燾), 펑파이(팽배彭湃), 예젠잉(엽검영葉劍英) 등 그날의 회의를 참석한 사람들은 앞으로 중국 역사의 커다란 지표가 될 터였다. 그러나 그들에게 그런 것은 중요하지 않았다. 그들에게는 오직 혁명의 완수만이 중요할 뿐이었다.

"우리는 다시 한 번 혁명의 불을 지펴야 합니다. 그리고 그 불씨는 이곳 난창에서 타오를 것입니다. 여러분들의 혁명은 분명 성공할 것이며, 역사적인 혁명의 시작으로 중국 역사에 길이 남을 것입니다."

1927년 8월 1일, 역사적인 혁명의 시작이 난창 봉기란 이름으로 불타올랐다.

자정이 조금 지난 시각에 봉기군은 어둠을 틈타 난창을 향해 소리 없이 진군했다. 모든 작전은 치밀했고, 비밀은 잘 유지되었다. 저우언라이를 위주로 한 지휘부는 노련했다. 단숨에 적 3천여 명을 물리치고 봉기군은 난창에 입성했다.

"민중을 저버리고 군벌과 손을 잡은 장제스의 혁명은 결코 성공이라 말할 수 없다. 우리는 이제 마음과 몸을 무장하고 혁명에 반대하는 저들을 무찔러야 한다. 오늘 우리는 승리하였다. 이제부터 우리는 중국 공산당의 군대로 거듭날 것이다."

총지휘를 맡았던 저우언라이가 소리쳤고, 봉기군이 환호했다.

저우언라이의 연설처럼 그들은 그때부터 홍군이라 불리기 시작했다. 중국의 붉은 군대 홍군은 그렇게 태어났다.

홍군은 승리했다. 국민당과의 결별 이후 치른 첫 번째 승리였다. 그러나 승리의 기쁨은 그리 오래가지 못했다. 난창의 패배 소식을 들은 국민당은 급히 난창으로 대규모 병력을 보냈고 어쩔 수 없이 홍군은 난창에서 철수할 수밖에 없었다.

8월 5일, 저우언라이는 난창을 포기하고 루이진(서금瑞金) 점령을 시도했다. 그러나 그곳도 이미 국민당의 지배권 아래 있었다. 자본가와 토지 소유자를 위한 우파 정당으로 변한 국민당은 루이진에서 수많은 악행을 저지르며 공산당을 색출한다는 명목 아래 노동자와 농민을 무더기로 학살했다.

저우언라이는 그대로 보고 있을 수가 없었다. 저우언라이의 부대는 국민당군과 싸웠지만 결과는 역시 패배였다. 어쩔 수 없이 혁명을 위한 새로운 땅을 찾아 계속 이동해야만 했다.

저우언라이가 전쟁을 치르는 동안 마오쩌둥은 또 다른 봉기를 계획하고 실행했다. 1927년 8월 7일, 공산당 중앙위원회 긴급회의가 소집되어 천두슈를 해임하고, 제국주의와 군벌들의 도구로 전락해 버린 국민당과의 완벽한 결별을 결정했다. 공산당과 국민당, 같은 중국 민족끼리 치러야 할 오랜 내전의 시작이었다.

다시 만날 수 없는 영원한 이별인 줄도 모르고 마오쩌둥은 아내 양카이후이를 집에 두고 봉기를 위해 집을 나섰다.

체포와 목숨을 건 탈출

창사에서 마오쩌둥은 우선 농민과 노동자들을 모집했다. 광산 노동자들이 하나의 부대를 형성했고, 농민들이 하나의 부대를 형성했으며, 국민당에 반기를 든 반란군이 또 하나의 부대를 형성했다.

광산 노동자 부대와 농민 부대 사이를 오가며 강하고 발달된 부대를 만들기 위해 마오쩌둥은 노력했다. 그러던 어느 날 마오쩌둥은 국민당에 협력하는 민단에게 붙잡히고 말았다. 공산당을 중국 땅에서 영원히 없애겠다고 마음먹은 장제스의 국민당은 붙잡힌 공산주의자를 재판도 하지 않고 총살시키곤 했다. 꼼짝없이 마오쩌둥은 총살당할 위기였다.

'아, 이대로 죽는구나. 죽는 것은 하나도 안타깝지 않으나 혁명의 꽃을 피워 보지도 못하고 이대로 가야 한다는 것이 무척이나 마음 아프구나……. 아, 제발, 먼저 간 전우들이 나를 지켜 줬으면…….'

다행히 그 자리에서 총살이 이루어지지는 않았다. 마오쩌둥이 제법 거물급이라는 걸 알아보고 그를 민단 본부로 끌고 가기로 결정한 것이었다. 일단 목숨은 유지했지만 그곳에 끌려간다면 엄청난 고문이 기다리고 있을 터였다. 차라리 총살이 더 나을지도 몰랐다. 마오쩌둥은 마음을 독하게 먹고 탈출하기로 마음을 굳혔다. 그러나 도망칠 기회는 쉽게 찾아오지 않았다.

정말이지 이대로 죽어야 하는가. 마오쩌둥은 이를 악물었다. 이래 죽으나 저래 죽으나 매한가지였다. 민단 본부를 200미터쯤 두고 마오쩌둥은 옆에 있는 병사를 밀치고 달리기 시작했다. 손이 묶여 있었지만 학생 시절부터 단련된 체력으로 병사들을 따돌릴 수가 있었다.

"타앙!"

등 뒤에서 총소리가 벼락처럼 달려들었다. 다행히 총알은 마오쩌둥을 빗나갔다. 얼마나 달렸을까. 마오쩌둥은 연못 근처 풀숲에 숨어들었다. 숨을 고르기도 전에 병사들이 풀숲을 뒤지기 시작했다.

이제 모든 것을 하늘의 뜻에 맡겨야 했다.

"이봐, 저쪽이라고 저쪽!"

"이런 멍청한 놈들, 그렇게 서 있지만 말고 더 샅샅이 뒤져 보란 말이야!"

마오쩌둥과 얼마 떨어지지 않은 곳에서 그를 찾는 소리가 들려왔다. 한두 번은 병사들이 바로 코앞까지 들이닥치기도 했다. 그러나 하늘은 아직 그를 버리지 않은 모양이었다. 해가 질 때까지 아무도 덩치 커다란 이 젊은 공산주의자를 찾아내지 못했다.

해가 완전히 지고 별이 짙어질 무렵, 마오쩌둥은 병사들이 떠난 풀

숲을 조용히 빠져나왔다. 안전을 위해서는 해가 뜨기 전에 마을을 벗어나야 했다. 병사들에게 신발을 빼앗긴 마오쩌둥은 밤새도록 어두운 산길을 맨발로 걸어야 했다. 거칠고 험한 산길을 걷는 동안 온몸에 상처가 나고 체력은 한계에 다다른 것만 같았다. 그냥 그대로 쓰러져 잠들고 싶었다.

'아, 나의 힘으로는 역부족인가.'

더 이상 걷지 못하고 쓰러졌을 때 그의 눈에 수많은 별들이 쏟아졌다. 깊은 어둠을 뚫고 저 먼 우주에서 수십 억 광년을 날아와 빛이 되는 작은 별, 그러나 결코 어둠에 무릎 꿇지 않는 당당한 별. 마오쩌둥은 일어섰다.

'포기하면 안 되리라. 이대로 쓰러지면 안 되리라. 별보다 더 밝게 빛나는 사람들이 있다면, 별보다 더 강인한 농민과 민중들이 남아 있는 한 혁명은 지속되어야 하리라.'

마오쩌둥은 다시 지친 몸을 옮겼다. 길은 험하고 멀었다.

봉기의 실패, 그리고 빼앗긴 당적

무사히 부대로 돌아온 마오쩌둥은 부대를 더 키우려는 생각을 접고 곧바로 봉기에 착수했다. 하루하루가 죽음을 눈앞에 둔 삶이라는 것, 더 이상 지체할 시간이 없다는 것을 목숨을 건 탈출을 시도하면서 그는 알게 되었다.

1927년 9월 9일, 마오쩌둥이 직접 이끄는 봉기가 드디어 창사에서 일어났다. 당연히 성공하리라고 생각한 봉기는 처절한 실패로 끝나고 말았다. 봉기에 참여하겠다던 많은 농민과 노동자들은 국민당의 잔혹성 앞에 숨을 죽이고 봉기에 참여하지 않았고, 막상 봉기가 시작되면서 부대 내의 이탈자도 많아졌다.

마오쩌둥이 공산당 중앙위원회에 보고한 희망적인 내용은 모두 실행되지 않았다. 봉기가 시작되면 그에 동조하는 크고 작은 봉기들이 후난성 일대에서 벌어질 것이라는 그의 예상은 빗나갔다. 난창을 비롯해 이웃의 부대들이 도우러 오지도 않았다. 아니, 이미 그들도 국민당과의 싸움에서 크게 손실을 본 상태였다.

봉기는 실패했고, 손실을 줄이기 위해 마오쩌둥은 부대를 이끌고 후난성의 경계를 따라 남쪽으로 이동해야 했다. 그러나 그것은 결코 쉬운 일이 아니었다. 수천 명의 국민당군이 그들의 앞길을 가로막고 있었다. 그들과의 싸움에서 다시 더 많은 홍군이 목숨을 잃어야만 했다. 이탈자도 늘어났다. 사령관 가운데에서는 국민당에 가담해 장제스의 졸개가 되는 이들까지 생겼다. 처참한 패배였다.

그리고 마침내 10월 초에 마오쩌둥 부대는 더 이상 이동하지 못하고 포위당하고 말았다. 이제 선택은 두 가지밖에 남아 있지 않았다. 몇 배 혹은 몇십 배가 많은 국민당 군대와 맞서 싸울 것인가, 뿔뿔이 살길을 찾아서 떠날 것인가?

"혁명을 포기할 수는 없습니다. 그렇다고 저들과 맞서 이대로 목숨을 버릴 수도 없구요. 지난날 나의 잘못으로 수많은 사람들이 목숨을 잃었습니다. 이제, 그것을 반성하고 더 나은 미래를 위한 싸움을 준비해야 할 때입니다."

공산당 군대가 '홍군'이라고 불리기 시작하면서 '백군'이라고 불리던 국민당 군대의 포위를 뚫고 마오쩌둥을 찾아 온 비밀 결사 지도자들에게 그는 이렇게 말했다. 그러나 마오쩌둥에게도 별다른 해결책이 없었다. 방법은 그를 찾아 온 비밀 결사 지도자에게서 나왔다.

"동지, 징강산(정강산井岡山)으로 가도록 합시다. 그곳은 워낙 산세가 험하고 깊어서 저들도 함부로 쳐들어오지는 못할 것입니다."

"그래요, 그거 아주 좋은 생각입니다."

마오쩌둥이 무릎을 치며 찬성의 뜻을 밝혔다. 그러나 문제는 여전히 남아 있었다. 다른 지도자가 반대 의사를 밝혔다.

"물론, 그곳에 무사히 도달할 수 있다면 우리는 당분간 휴식을 취하면서 다시 혁명을 위한 준비를 할 수 있을 것입니다. 그러나 그곳까지 가는 길에는 엄청난 희생을 치러야 할 것입니다. 우선은 모두 농민이나 거렁뱅이로 변장하고 뿔뿔이 흩어졌다가 합쳐야 할 것입니다."

"아니오, 동지들을 위해 내가 이곳 동지들과 함께 남아 길을 안내하도록 하겠소. 나는 누구보다도 이곳 지리를 잘 알고 있으니, 부대를 이끌고 저들의 눈을 피해 무사히 도착할 수 있을 것이오."

더 이상 반대의 뜻을 밝히는 사람은 없었다.

낮이면 국민당군의 눈을 피해 숨어 있다가 밤이면 이동하며, 그렇게 며칠이 지나 그들은 해발 1,800미터에 이르는 징강산에 다다를 수 있었다.

살아남아 징강산에 도착한 홍군은 천 명도 되지 않았다. 이 참담한 실패로 마오쩌둥에게 돌아온 현실은 냉혹했다. 공산당 중앙위원회는 마오쩌둥과의 모든 관계를 끊겠다고 선언했다. 정치국 위원직을 비롯해 그때까지 마오쩌둥이 맡았던 모든 지위를 박탈당했다. 중국 공산당 중앙위원회 위원에서 일개 성의 공산주의자로 물러나는 순간이었다. 그러나 오래지 않아 마오쩌둥은 후난성 공산당위원회에서도 쫓겨나는 신세가 되었다. 중앙위원회의 결정에 따라 후난성에서도 마오쩌둥의 모든 당적을 빼앗아 버렸다. 그는 위대한 공산당 지도자에서 징강산에 숨은 게릴라로 전락해 버렸다.

징강산에 모인 혁명 전사들

평범한 사회운동가에서 공산당의 지도자로, 혁명을 위해 걸어온 길고 지루한 싸움에 비해 모든 것이 너무 쉽게 무너져 버렸다. 마오쩌둥에게는 이제 홍군을 지도할 자격도, 그들과 함께 싸울 자격도 모두 잃어버렸다. 그러나 붉은 신념만은 여전히 남아 있었고, 그를 믿고 따르는 농민도 여전히 남아 있었다.

비록 중앙위원회 위원이라는 직함과 공산당원이라는 당적을 잃었지만 혁명의 꿈을 잃은 것은 아니었다. 마오쩌둥은 포기하지 않았다. 그의 신념이 옳았다는 것은 오래지 않아 입증되었다.

징강산에 모인 새로운 혁명 군대의 소문을 듣고 많은 사람들이 모여들기 시작했다. 오래지 않아 다시 부대는 원래의 규모를 되찾을 수 있었다. 점점 늘어나는 부대원을 훈련시키며 마오쩌둥은 지난날 자신의 잘못을 돌아보기 시작했다. 너무 성급하고 무모했다. 때로는 아무것도 모르는 무지(無知)에서, 때로는 혁명에 대한 과도한 욕심에서 그런 잘못들을 저질렀다. 그 때문에 많은 사람들이 목숨을 잃었고 또 마오쩌둥 자신은 당으로부터 버림받는 신세가 되었다. 철저한 준비와 막강한 힘이 없이는 아무것도 이룰 수 없다는 것을 다시 한 번, 그리고 분명하게 마오쩌둥은 알게 되었다.

가장 먼저 마오쩌둥은 징강산과 이웃한 차링(다링 茶陵)에 민중이 스스로 정부 역할을 수행하는 소비에트를 구성했다. 펑파이에 의해 광저우에 세워진 하이루펑(해륙풍 海陸豊) 소비에트에 이어 두 번째의 소비에트였다.

이때부터 마오쩌둥은 서두르지 않았다. 천천히 그러나 철저하게 그는 모든 것을 준비했다. 이런 마오쩌둥의 커다란 변화를 두고 또 많은 사람들이 반대의 목소리를 높였다. 그들은 농민들을 해방시키기 위해 지주를 습격해야 한다고 주장했다. 집에 불을 지르고 때로는 지주를 살해함으로써 농민의 힘을 보여 줄 수 있을 것이라고 했다.

마오쩌둥은 그들에게 '개량주의 집단'이라고 비난받기도 했다. 그러나 이제 그는 그런 비난에 전혀 신경 쓰지 않았다. 지난날과는 달리 묵묵히 때를 기다리며 준비할 뿐이었다. 그런 준비를 통해 마오쩌둥은 냉철한 공산주의자로 변해 갔으며 부대는 단순한 봉기군이 아닌 형식과 힘을 갖춘 군대로 점차 변해 갔다. 그리고 마침내 완벽한 군대를 이룰 수 있었다.

난창 봉기를 일으키고, 다시 루이진을 중심으로 활동하던 주더가 자신의 부대를 이끌고 징강산에 들어왔다. 소식을 들은 마오쩌둥이 징강산 입구의 작은 다리에 나가 주더를 맞이할 준비를 했다.

멀리서 혁명을 찬양하는 노랫소리가 들리는 가운데 뿌연 먼지를 일으키며 주더의 부대가 징강산 입구로 다가왔다. 다가오던 부대가 멈추고 주더가 앞으로 나왔다. 기다리고 있던 마오쩌둥도 앞으로 걸음을 옮겼다. 손을 마주잡은 두 사람은 한동안 아무런 말을 하지 않았다. 그러나 서로를 바라보는 눈길에서 서로를 신뢰하고 존경하는 뜨거운 전우애를 충분히 느낄 수 있었다. 징강산이 투쟁과 혁명의 새로운 중심지로 거듭나는 순간이었다.

또 다른 사랑과 양카이후이의 죽음

게릴라로 전락했다고 해도 마오쩌둥에게는 아직 민중을 움직일 만한 충분한 힘이 있었다. 그는 큰 도시에서 공산당을 움직이던 지도자였고, 누구보다 농촌을 잘 아는 젊은 지도자였다. 그런 그 앞에 현지의 공산당원들이 찾아오는 것은 당연한 일이었다.

징강산에 들어오고 얼마 지나지 않아 찾아온 현지의 공산당원들은 주변의 정황과 징강산에서 필요한 행동에 대해 안내했다. 그들 가운데 유독 마오쩌둥의 눈길을 잡아끄는 사람이 있었다. 바로 허쯔전(하자진 賀子珍)이었다. 아직 어린 티도 다 벗지 못한 열아홉의 이 여전사를 바라보며 마오쩌둥은 젊은 시절의 자신을 돌아보았다. 그 나이 또래에 마오쩌둥은 평범했다. 아니 직접 물을 길어 먹는 것조차 부끄러워했던 나이였다.

허쯔전이 갖고 있는 혁명에 대한 확신과 신념이 감동스러웠다. 그녀에게 공산주의에 대한 더 많은 지식을 심어 주고 싶었고 그녀의 도움을 받아 징강산에 대해서도 알고 싶었다.

"허쯔전 동무, 내 곁에서 나를 좀 도와주세요. 많이는 아니겠지만 그래도 사회주의 혁명에 대해 동무에게도 조금이나마 도움이 될 거구요."

허쯔전은 마오쩌둥의 안내원으로 남게 되었다.

조금씩 사랑이 싹텄지만 마오쩌둥은 될 수 있으면 그녀를 멀리하려고 노력했다. 소식이 끊긴 아내와 아이들에 대한 그리움과 죄책감 때문에 애써 허쯔전을 피했던 것이다. 허쯔전도 마오쩌둥을 향한 마음이 커 갔지만 역시 섣불리 다가갈 수 없기는 마찬가지였다. 그러나 혁명의 선배로서, 그리고 민중의 지도자로서 마오쩌둥을 대하는 태도에는 변함이 없었다.

허쯔전은 마오쩌둥을 위해 직접 여러 가지 일을 했는데 한번은 마오쩌둥이 바깥에서 일어나는 일을 알고 싶다고 하자, 홍군 병사 몇 명을 이끌고 적지에 침투해서 신문을 가져온 일도 있었다.

"마오쩌둥 동지, 좀 지났지만 이것으로 어느 정도 세상일을……"

말꼬리를 흐리는 허쯔전의 젖은 눈을 바라보며 마오쩌둥은 모든 시름을 잊을 수 있었다. 그리고 어린 그녀의 품에 스르르 무너졌다. 지치고 힘든 생활이었다. 먹을 것은 부족했고, 해야 할 일은 태산같이 많았다. 하필이면 그럴 때에 걸린 말라리아는 마오쩌둥의 몸을 앙상하게 만들었다. 그런 그에게 허쯔전의 사랑은 오랜만에 찾아든 햇살 같은 휴식이었다.

징강산 작은 마을에 두 사람은 곧 살림을 차렸다. 주더를 비롯해 여러 사람들이 두 사람의 앞날을 축복해 주었다.

1929년 봄, 마오쩌둥에게 한 장의 편지가 날아들었다. 돌고 돌아 힘들게 마오쩌둥 앞으로 온 편지는 그의 첫 부인 양카이후이에게서 온 편지였다.

사랑하는 마오쩌둥 동지, 우리의 혁명은 아직도 저 멀리 있겠지요. 언제쯤 우리가 원하는 세상에서 우리는 함께 행복할 수 있을까요. 이곳에서 편안히 지내는 나는 동지의 산속 생활이 걱정이 됩니다. 다친 발은 다 나았는지, 춥고 배고프지는 않는지…….

나는 잘 있으니 아무 걱정할 필요 없습니다.

혁명의 날이 끝나고 우리들 세상이 별처럼 밝게 빛나는 따뜻한 봄날이 오면 당신을 다시 만날 수 있겠지요. 아, 그러나 지금은 동지의 넓은 품속처럼 따뜻한 겨울옷 한 벌이 몹시도 그리운 그런 춥고 추운 긴 겨울입니다.

양카이후이의 편지를 받아 든 마오쩌둥은 알 수 없는 그리움과 죄책감에 시달려야 했다. 당장에 징강산을 내려가 양카이후이에게 가고 싶은 마음이 들기도 했다.

그러나 어쩔 수 없는 노릇이었다. 혁명을 포기하고 징강산을 내려갈 수도, 또 국민당의 삼엄한 경비를 뚫고 나갈 수도 없는 노릇이었다. 그리고 무엇보다 이미 허쯔전의 뱃속에서 마오쩌둥의 아이가 자라고 있었다.

다만 혁명의 날이 끝나고 우리들 세상이 별처럼 밝게 빛나는 따뜻한 봄날이 오기만을 기다릴 뿐이었다. 그날을 위해 좀더 많은 노력을 기울여야 했다. 그러나 따뜻한 봄날이 채 오기도 전, 창사에 남아 지하에서 공산당 운동을 펼치던 양카이후이는 1930년 국민당군에게 체포되어 모진 고문 끝에 목숨을 잃었다. 마오쩌둥의 행방을 묻는 국민당원을 바라보는 그녀의 눈 속으로 환상처럼 별똥별 하나가 떨어졌다. 따뜻한 봄날이 오기도 전에 그녀는 먼저 저세상으로 떠났고, 오랜 세월이 지나서야 마오쩌둥은 그 사실을 알게 되었다.

호박으로 자본주의를 타도하자

주더가 징강산에 들어오고 얼마 지나지 않아 펑더화이(팽덕회彭德懷)를 비롯해 덩핑(등평鄧平)과 황공뤼에(황공략黃公略) 등 마오쩌둥과 뜻을 같이하는 혁명 지도자들이 속속 징강산에 모여들었다. 징강산에는 홍군 병사들로 넘쳐나, 1군과 2군, 그리고 3군에 이어 제4군이 창설되었다. 그리고 그즈음 이웃 농촌에서는 마오쩌둥의 열정적인 노력으로 농민들 스스로 소비에트를 구성할 정도로 의식 수준이 발전했다.

국민당 정부에서도 이제 징강산 세력을 함부로 무시하지 못할 정도의 수준에 이르렀다. 물론 그렇다고 해서 징강산을 차지하려는 국민당의 시도가 전혀 없었던 것은 아니었다. 다만, 몇 번 싸운 끝에 국민당은 징강산을 포기하고 대신 다른 지역에서 공산당이 퍼지는 것을 막는 것에 더 치중하기로 했다.

징강산은 국민당으로부터 절대적으로 안전한 곳이었지만 홍군은 더 이상 징강산에서 버티기가 어려울 지경에 이르렀다. 산비탈을 갈아 식량을 구하는 데에 한계가 있었다.

"호박으로 자본주의를 타도하자! 호박으로 지주를 타도하자! 호박으로 새 세상을 열자!"

직접 징강산 아래 마을로 내려가 쌀가마를 짊어지고 힘들게 비탈을 오르던 마오쩌둥과 주더는 쌀가마를 내려놓고 호박으로 자본주의를 타도하자는 병사들의 외침을 들었다.

직접 쌀을 나르고 밭을 갈고, 병사들과 똑같이 호박을 먹으며, 혁명을 위해 자신의 몸을 아끼지 않는 마오쩌둥과 여러 지도자들의 모습을 보며 병사들의 마음에도 새로운 세상에 대한 희망이 싹터 올랐다. 호박으로 배를 채우면서도 그런 희망이 있기에 징강산 생활을 버텨 나갈 수 있었다. 그러나 더 넓은 지역으로의 이동은 꼭 필요했다. 비단 식량을 해결하기 위해서만이 아니었다. 산적들까지 합세한 홍군을 제대로 교육하고 훈련시키기 위해서라도 넓은 지역을 확보하는 것은 반드시 필요한 일이었다.

그러나 그것이 모든 이유는 아니었다. 마오쩌둥의 진정한 뜻은 다른 곳에 있었다.

어떻게 하면 국만당 내부에 공산당에 대해서 선전할 수 있는가?

어떻게 하면 민간인들에게 공산당에 대해서 선전할 수 있는가?

어떻게 하면 원주민과 홍군을 포함한 이주민 사이의 갈등을 해소할 수

있는가?

어떻게 하면 홍군을 정예화할 수 있는가?

어떻게 하면 농민과 인민에게 이익을 가져올 수 있는가?

어떻게 하면 민족 해방을 완수할 수 있는가?

어떻게 하면 농민을 혁명에 참여시킬 수 있는가?

징강산을 나와 넓은 지역을 확보하려는 마오쩌둥의 숨은 뜻은 이런 물음에 있었다. 당시 중국의 토지는 대부분 지주계급이 소유하고 있었다. 지역에 따라 적게는 40퍼센트에서 많게는 80퍼센트 이상의 토지를 몇몇 지주들이 소유하고 있었던 것이다. 그 가운데 징강산을 포함한 장시성 지방은 지주 소유의 토지가 가장 많았다.

이런 지주들의 토지를 몰수하여 농민들에게 골고루 분배해야만 농민들은 혁명에 스스로 참여할 것이며, 그것을 통해 중국 혁명은 완수될 것이라고 마오쩌둥은 생각했다. 생각은 곧 현실이 되기 시작했다.

1921년 1월, 징강산에서 훈련된 홍군 부대 일부가 적의 봉쇄선을 뚫고 장시성 남부 지역에 새로운 홍군 근거지를 마련한다. 지난번 주더가 패배했던 루이진이라는 지역이었다. 그것은 대단히 성공적이었다. 장시성의 루이진을 중심으로 한 지역 소비에트가 속속 생겨났으며, 푸젠성 일부 지역에서도 소비에트가 조직되기에 이른 것이다.

어떻게 이룰 수 있을 것인가

징강산에서 내려온 마오쩌둥은 당장 그의 정책을 실행에 옮겼지만 주위의 방해는 여전히 계속되었다. 당원 자격을 다시 회복시켜 준 중앙위원회에서는 마오쩌둥에게 농민들과의 혁명적 유대를 포기하고 상하이로 떠나라는 명령을 내렸다. 마오쩌둥에게 가장 큰 압력을 넣고 있는 사람들은 트로츠키파라고 불리는 이들이었다. 주로 소련에서 소련 공산주의 이론을 공부하고 돌아온 그들은 혁명을 위해서는 강력한 지도자를 위주로 한 노동자의 힘이 필요할 뿐이라고 했다.

그들에 의견에 따르면 농민들에게 사상 무장이란 전혀 필요 없는 사족(蛇足) 같은 것에 지나지 않았다. 농민의 힘이 노동자의 힘을 능가할 경우, 노동자와 농민들 사이의 마찰을 초래할 뿐이며, 이럴 경우 사회 전반적인 혼란을 가져올 것이라고 했다. 마오쩌둥은 그들의 주장과 당의 명령을 무시하기로 했다. 징강산에서 어렵게 키운 홍군을 포기할 수는 없었다. 그리고 그즈음 마오쩌둥은 몹시 쇠약해졌다. 먹을 것을 제대로 먹지 못해 영양부족 상태이면서도 그는 혁명을 위해 쉬지 않고 일했던 것이다. 더욱이 말라리아까지 걸려 그의 몸은 말이 아니었다. 그런 몸으로 징강산에서 상하이까지 가기는 무리였다.

다행히 징강산을 나온 그해 12월 구티엔(고전 古田)에서 개최된 회의에서 마오쩌둥은 자신의 입장에 동조하는 많은 조력자를 얻을 수 있었다. 병든 몸을 아끼지 않고 노력한 결과였다.

장시성 지역에 조직된 소비에트들은 마오쩌둥의 행동 양식에 따라 눈부신 발전을 이루었다.

　'어떻게 하면 국민당 내부에 공산당에 대해서 선전할 수 있는가'라는 질문을 해결하기 위해 마오쩌둥은 포로 석방을 선택했다. 부상병은 치료해 주었고 홍군에 남기를 희망하는 병사에게는 홍군과 똑같은 대우를 해 주었다. 돌아가겠다는 병사에게는 약간의 돈을 마련하여 안전하게 보내 주었다. 이런 실천을 통해서 '공산당은 비적이다. 그들은 사람을 잡아먹는다'라는 국민당의 선전은 오히려 역으로 공산당에게 유리하게 작용하게 되었다. 또한 국민당 내부에 공산당에 대한 동조자가 생겨나기도 했다. 그리고 그것은 '어떻게 하면 민간인들에게 공산당에 대해서 선전할 수 있는가'라는 질문에 대한 자연스러운 해답이기도 했다.

　'어떻게 하면 원주민과 홍군을 포함한 이주민 사이의 갈등을 해소할 수 있는가', '어떻게 하면 홍군을 정예화할 수 있는가'라는 두 가지 질문은 홍군에 대한 교육과 훈련을 통해 극복했다. 그러나 그것은 결코 교육과 훈련만으로 이루어질 수 없는 일이었다. 홍군의 계급장을 없애고 단지 사상으로 무장할 수 있는 모든 노력을 아끼지 않았다. 그들은 비록 공산주의자들이었으나 군대 내부에서만큼은 가능한 가장 민주적인 형태를 취하도록 노력했다. 또한 그들은 일반 민간인을 위한 특별 강령을 만들어 실천하도록 노력했다. 인민의 것은 실오라기 하나 마음대로 가져오지 말 것, 꼭 가져와야 할 때는 정확한 값을 보상할 것 등의 강령을 시행하면서 다시 한 번 민간인들이 가지고 있는 홍군에 대한 오해를 풀 수 있었다.

'어떻게 하면 농민과 인민에게 이익을 가져올 수 있는가', '어떻게 하면 농민을 혁명에 참여시킬 수 있는가' 라는 두 가지의 물음은 토지의 재분배를 통해서 해결했다.

징강산에 들어가기 전에 마오쩌둥은 '모든 토지' 를 압수하는 정책을 시행했다. 그것은 너무 지나친 정책이었으며, 오히려 농민의 참여를 막고 공산당은 산적이라는 오해를 불러일으켰다. 징강산에서 내려온 마오쩌둥은 토지 정책을 바꿔 농민의 토지는 그대로 농민에게 두고 다만 악덕 지주의 토지만을 몰수했다. 몰수한 토지는 공평하게 분배되었고, 일부는 홍군을 위해 공동으로 경작되기도 했다. 이런 정책은 가난한 농민들에게 희망을 주었으며, 그것은 당연히 농민들의 자발적인 혁명 참여로 이어졌다.

이제 '어떻게 하면 민족 해방을 완수할 수 있는가' 라는 질문만 남아 있었다. 그것은 하루아침에 이룰 수 있는 문제가 아니라는 것을 마오쩌둥은 잘 알고 있었다. 위의 여섯 가지에 대한 질문을 조금씩 실현하면서 농민에 의한 혁명의 힘을 기를 때 마침내 그것은 이루어지리라.

물론, 그런 정책을 시행하기 위해서 많은 지주들이 체포되어 재판을 받았고 토지는 몰수당했다. 심한 경우에는 처형을 당하기도 했다.

장시성 소비에트 정부의 탄생

1930년, 장시성 남부와 푸젠성 북부의 거의 모든 지역이 홍군의 근거지가 되었다. 이제 그것을 하나로 묶는 강한 정부의 탄생이 필요한 시점이었다. 그러한 필요에 따라 1930년 2월, 루이진을 중심으로 장시성 소비에트 정부가 공식적으로 설립됐다. 이것은 또 하나의 역사적인 사건이었다. 이때부터 공산당은 국민당이 난징에 세운 난징 정부와 대등한 입장의 정부를 구성하게 된 것인데, 또 그런 까닭에 국민당으로부터 더 많은 공격을 받아야 했다.

물론, 중국 공산당 지도부는 상하이의 외국인 치외법권 지대를 중심으로 활동하고 있었다. 그러나 그것은 보이지 않는 숨은 세력일 뿐이었다.

보이지 않는 숨은 세력, 공산당 지도부의 결정에 따라 마오쩌둥은 몇 번이나 목숨을 건 전쟁을 치러야 했다. 장시성에 근거지를 마련한 마오쩌둥과 홍군에게 내려진 명령은 후난성의 창사를 점령하라는 명령이었다. 결코 이길 수 없는 전쟁이라는 걸 마오쩌둥은 잘 알고 있었다. 마오쩌둥과 주더, 펑더화이는 이 명령에 반대했다. 그러나 지도부의 절대 다수 의견은 창사에 대한 공격을 감행하는 것이었다. 그것은 소련에서 내린 결정과도 같은 것이었다. 소련의 지원을 받고 있는 대다수의 지도부에서는 창사에서 농민이 아닌 노동자의 봉기가 일어나기를 원했고, 그것을 위해 마오쩌둥이 훈련시킨 농민 부대의 지원이 필요했던 것이다.

어쩔 수 없이 마오쩌둥은 부대원을 이끌고 창사에서 두 번의 전투를 치렀지만 모두 실패하고 말았다. 지도부에서는 끝까지 싸울 것을 명령했으나, 마오쩌둥은 중앙위원회의 명령을 거부하고 총퇴각을 명령했다. 마오쩌둥을 비롯한 주더와 펑더화이는 그럴 수밖에 없다고 판단했다. 더 이상 버티려 하다가는 징강산에서부터 키워 온 부대를 다시 잃을지도 몰랐다. 후난성을 지키기 위해 엄청난 국민당의 병사가 몰아닥쳤던 것이다.

장시 소비에트가 자체적으로 돈과 우표를 만들고, 법 제도를 만들며 임시정부의 형태를 갖추어 가던 1930년 10월, 갑자기 포탄 하나가 루이진을 향해 날아들었다.

장시성 소비에트 정부는 마오쩌둥을 비롯해 많은 공산주의자들의 희망이었다. 그들은 장시 소비에트를 중심으로 중국 전역을 붉은 깃발로 수놓을 날을 꿈꾸었다. 그러나 장제스와 국민당에게 장시 소비에트는 공산당의 마지막 거점지였으며, 잘 뽑히지 않는 귀찮은 가시 같은 존재였다. 어떻게든 그 가시를 뽑고 중국 땅에서 영원히 공산당을 몰아내고 싶은 것이 장제스의 강력한 소망이었다.

길고 긴 전쟁

국민당의 병사는 10만여 명을 넘어섰다. 자본주의를 앞세우는 서구 열강들에게 제공받은 최신식 무기를 가지고 있는 국민당의 군대 앞에서 4만여 명의 홍군은 너무나도 초라했다. 그러나 홍군은 10만이 넘는 백군을 상대로 승리했다. 여러 차례 전투를 치르면서 가장 효과적인 전략이 무엇인지 마오쩌둥을 비롯해 홍군 지도부들은 이미 잘 알고 있었던 것이다.

징강산 이후 마오쩌둥이 선택한 전술은 바로 유격 전술이었다.

적이 오면 우리는 후퇴한다.
적이 진을 치면 우리는 교란한다.
적이 피하면 우리는 공격한다.
적이 달아나면 우리는 쫓아간다.

자칫 비겁해 보이는 이 유격 전술은 열 배에서 스무 배 이상 많은 적과 싸울 때 꼭 필요한 전술이었고, 홍군은 이런 전술로 대부분의 전투에서 승리할 수 있었다. 물론, 승리의 더 큰 원인은 농민들에게 있었다. 지주를 타파하고 다 같이 잘사는 행복한 세상에 대한 경험은 농촌에 전설처럼 퍼져 나갔고, 스스로 지주들과 싸울 힘을 준비하는 농민들이 많아졌다. 그런 농민들의 도움은 백군과 싸우는 홍군에게 절대적으로 필요한 힘이었다.

승리의 기쁨이 채 가시기도 전인 다음 해 3월 백군은 다시 장시성 공격을 시도했다. 1차 때보다 두 배가 넘는 20만 병력이 장시성을 에워싸며 밀고 들어왔다. 아무래도 이번에는 힘든 전투일 것만 같았다.

자원은 한정되어 있었고, 장비는 빈약했다. 그러나 역시 승리는 홍군의 몫이었다.

역시 유격 전술에 따라 홍군은 무작정 후퇴하는 듯한 모습을 적에게 보여 주었다. 거칠 것 없이 홍군의 세력권 안에 깊숙이 들어온 국민당 부대는 불시에 쏟아지는 홍군의 공격 앞에서 아연실색 아무런 채비도 하지 못하고 그대로 당할 수밖에 없었다. 시간이 지남에 따라 백군도 이제는 함부로 적진 안에 들어오는 어리석은 짓은 하지 않았다. 이번에는 교란 작전이 펼쳐졌다. 홍군의 교란으로 백군은 자기들끼리 서로 싸우기도 했다. 사기가 꺾인 백군을 상대로 홍군은 여러 곳에서 승리를 거듭했다. 싸움 한 번 치르지 않고 오던 길을 돌아 달아나는 국민당 부대를 끝으로 마침내 두 번째 전투에서도 홍군이 승리했다.

장제스는 공산당과 홍군을 그대로 두고 볼 수가 없었다. 그가 생각했던 것보다 홍군은 더 귀찮은 존재였다. 싸움이 거듭될수록 민심은 공산당 쪽으로 움직였고, 그럴수록 홍군의 힘은 더욱 강해졌다. 이대로 둔다면 아무래도 그저 귀찮은 존재에서 국민당을 위협하는 아주 무서운 상대가 될 수도 있겠다고 장제스는 생각했다.

장시성의 공산당 무리들만 섬멸할 수 있다면…….

장제스는 결국 자신이 직접 30만 대군을 이끌고 공산당을 섬멸하려 나섰다. 적들의 전술이 아무리 뛰어나다고 해도 30만 대군이 물밀듯이 밀어닥친다면 막지 못하리라, 그것이 장제스가 내세운 작전이었다. 단숨에 장시성의 주요 지역을 쓸어 버릴 생각으로 병사들에게 하루에 30킬로미터가 넘는 거리를 강행군하게 만들었다. 홍군과 싸움을 하기도 전에 국민당의 병사들은 지쳐 버렸다.

마오쩌둥이 이끄는 홍군은 겨우 3만의 주력 병력으로 백군이 있는 곳을 옮겨 다니며 다섯 개의 적군 부대를 공격했다. 또 한 번 홍군은 승리했고 백군은 패배했다.

만주사변, 그리고 빼앗긴 실권

세 번째 전투가 끝나고 당분간은 모든 것이 평화로웠다. 적에게서 노획한 최신식 장비로 홍군은 강해졌고, 소비에트 정부는 나날이 발전을 거듭했다. 이제 마오쩌둥과 그의 지지자들은 공산당의 가장 훌륭하고 영향력 있는 지도자들로 거듭났다. 그것은 전쟁이 끝나고 열린 회의에서 잘 알 수 있었다.

1931년 11월 7일, 루이진에서 전국 소비에트 대표자 회의가 진행되었다. 390여 명이 참석한 이날 회의에서 장시성 소비에트는 중화 소비에트 공화국으로 승격되었다. 마오쩌둥과 몇몇 지지자가 세운 작은 소비에트가 마침내 중국 공산당을 대표하는 완벽한 혁명 정부로 탈바꿈하게 되었다. 물론, 당시의 완벽한 정부란 중국 전체를 대표하는 정부는 아니었다. 그러나 이 임시 혁명 정부의 탄생으로 공산당은 좀더 체계적이고 구체화된 정책을 수립하고 이를 실천에 옮길 수 있는 근거지를 마련하게 된 것이다.

마오쩌둥이 세운 소비에트가 중국 공산당을 대표하는 중화 소비에트로 탈바꿈한 것처럼 그날 회의를 통해 마오쩌둥은 중화 소비에트 공화국 주석이 되었다. 부주석에는 시앙잉(항영項英)과 장궈타오(장국도張國燾)가 선출되었고, 중앙집행위원에 마오쩌둥을 비롯해 저우언라이, 주더, 펑더화이, 하룽, 린뱌오(임표林彪) 등이 뽑혔다. 마오쩌둥과 함께해 온 혁명가들이 대부분이었다. 그러나 영광의 세월은 그리 오래 지속되지 않았다.

중국 침략을 노리던 일본이 1931년 9월 만주에 설치된 철로를 폭파하고, 이를 중국의 소행이라며 만주에서 전쟁을 일으켰다. 만주를 점령한 일본은 거기에 만족하지 못하고 1932년 3월 1일 청 왕조의 마지막 황제였던 푸이(부의溥儀)를 앞세우고 기어이 '만주국'이라는 괴뢰국을 만들어 중국 침략에 대한 발판으로 이용하기 시작했다. 장제스의 국민당 정부는 이를 모른 척 눈감아 주었지만 공산당에서는 일본의 중국 침략을 도저히 가만히 앉아 볼 수가 없었다.

여기저기서 일본에 대한 테러를 감행하는 공산당을 없애기 위해 일본이 장제스와과 힘을 합쳐 상하이에 압력을 가했다. 외국인 치외법권 지대로 보호받던 상하이는 이제 일본을 내세운 국민당 경찰의 수사권 아래 놓이게 되었다. 상하이의 지하에 숨어 활동하던 중국 공산당 지도부는 점점 심해지는 경찰의 수사에 더 버티지 못하고 루이진에 있는 중화 소비에트 공화국으로 자리를 옮겨야만 했다. 그때부터 마오쩌둥의 지위는 크게 떨어지기 시작했다.

당시 중국 공산당은 공산주의를 먼저 시작한 소련이나 독일 혹은 프랑스 등에서 공산주의 이론을 배운 사람들이 중요한 자리를 차지하고 있던 때였다. 그들은 상하이에 숨어 중국 전역의 공산당 활동을 총괄 지휘하고 있었다. 그들은 여전히 공산주의 혁명을 위해서는 노동자들이 주체가 되고 농민은 노동자의 보조 역할에 지나지 않는다고 생각했다. 그런 그들이 루이진으로 옮겨 오면서 농민을 혁명의 주체로 내세운 마오쩌둥과의 대립은 불가피한 것이었다. 마오쩌둥이 아무리 많은 공적을 올리고, 성공을 거두었다고 해도 상하이에서 활동하던 공산당 지도부에게는 여전히 지방 출신의 촌뜨기 공산주의자일 뿐이었다.

마오쩌둥의 권력에 가장 위협적인 인물은 보꾸(박고|博古)라는 젊은 공산주의자였다. 마오쩌둥보다 무려 열여섯 살이나 어린 보꾸는 1908년 중국 한 현의 현장(縣長)의 아들로 태어났으며 제법 부유한 어린 날을 보냈다. 중국 공산당이 설립한 상하이대학에 입학하면서 영어를 배우던 그는 공산당에 선발되어 소련 유학을 떠났고, 그곳에서 러시아어와 '마르크스―레닌주의'라고 하는 소련식 공산주의 이론을 배우고 돌아왔다. 실직적인 혁명에 참여하기보다는 주로 지하에 숨어 활동하던 보꾸는 농민 혁명을 주장하는 마오쩌둥과는 전혀 상반되는 정책을 폈던 인물이었다.

결국 마오쩌둥은 소련의 입김과 독일에서 파견된 오토 브라운(Otto Braun)의 힘을 빌린 보꾸에 의해서 조금씩 지도자의 자리에서 멀어졌다. 그리고 마침내 1933년 말, 보꾸가 루이진에 온 지 1년이 조금 지난 뒤부터는 마오쩌둥의 어떠한 주장도 공산당에서 수용되지 않는 지경에 이르렀다.

운산고사(雲山古寺)에 유배

주위는 아름다웠다. 바위와 나무들은 마치 이곳이 신선 세계인 듯 착각을 불러일으키기도 했다. 모든 것이 평화로웠고 생활에는 전혀 불편한 점이 없었다. 혁명과 전쟁의 소용돌이에서 벗어나 사랑하는 아내 허쯔전과 다정하게 있는 것도 참 오랜만이었다. 절 주위에 구름이 깊을 때면 싸움도 거짓도 없는 이곳에서 영원토록 살고 싶다는 생각이들기도 했다. 그러나 가슴에 남아 꺼지지 않는 혁명과 농민에 대한 믿음이 마오쩌둥을 힘들게 했다.

믿음이란 때로는 전쟁을 치르는 것보다 더 많이 힘든 싸움을 일으키기도 했다. 믿음이란 바로 자기 자신과의 싸움이며, 보이지 않는 내 안의 적과의 싸움이다. 믿음을 잃어버린 순간 꿈은 무너져 내리고, 믿음을 놓아 버리는 순간 삶은 의미를 잃는다.

아침 햇살이 스며드는 절집에 서서 마오쩌둥은 산 아래 넓은 들을 바라보았다. 논을 일구는 농부들은 루이진에서 벌어지는 전쟁과는 아무 상관 없다는 듯 농사일에만 열심이었다.

저들을 두고 어떻게 혁명을 포기할 수 있는가? 그러나 이제 마오쩌둥에게는 아무것도 남지 않은 듯했다. 몇 가지 직함이 여전히 그의 이름에 붙어 있었지만 단지 형식에 지나지 않았다. 병들고 지친 마오쩌둥에게 충분한 휴식 시간을 주며, 또 혹시 모르는 적의 습격에 대비하기 위해 병사를 배치하는 것이라고 했지만 실은 자신을 감시하려는 보꾸의 지략이라는 것을 마오쩌둥도 모르지는 않았다.

서서히 권력에서 밀려나기 시작하면서도 이런 날이 오리라고는 생각하지 않았다. 그는 단지 자신의 신념에 따라 소련식 공산주의가 아닌 중국식 공산주의의 길을 걸어왔을 뿐이었다. 그러나 현실은 너무 가혹했다.

장제스가 또 한번 공산당을 상대로 전쟁을 벌였을 때는 마오쩌둥의 전술이 아닌 보꾸의 전술이 채택되었다. 그런 상태에서 공산당은 국민당을 상대로 다행히 승리를 거두기는 했지만 힘에 겨운 승리였다.

장제스에게 반란을 일으킨 반란군을 홍군으로 흡수해야 한다는 마오쩌둥의 의견은 무시당했다. 몇 번씩 의견과 정책을 제시하는 동안 마오쩌둥은 더욱 철저히 권력에서 밀려났다. 그리고 마침내는 이렇듯 산속에 연금당하는 처지가 되고 말았다.

마오쩌둥이 산속에서 연금 생활을 하는 동안 공산당에 대한 장제스의 다섯 번째 공격이 시작되었다. 400여 대의 비행기와 100만이 넘는 엄청난 대군이 장시성으로 밀고 들어왔다. 홍군이 아무리 뛰어난 전술을 구축한다고 해도, 또 아무리 강한 신념으로 싸움에 임하다고 해도, 그처럼 엄청난 군사 앞에서는 어쩔 수 없는 노릇이었다.

보꾸 등의 새로운 지도부는 방어에 전념하는 전략을 채택했다. 결국, 백군은 중화 소비에트 공화국의 근거지를 공략하기 시작했고, 홍군은 계속 지기만 하는 전쟁을 힘겹게 치렀다. 마오쩌둥이 어렵게 쌓아올린 장시성의 공산당은 국민당의 다섯 번째 공격 앞에서 그렇게 한순간에 존립 자체에 위기를 맞았다.

고난의 장정, 혹은 긴 후퇴

백군의 다섯 번째 공격은 이전과는 전혀 다른 형태를 띠고 있었다. 백군은 홍군의 점령 지역을 향해 섣불리 들어오지 않았다. 공중에서 폭격을 퍼부었고, 땅에서는 참호를 파며 조금씩 조금씩 밀고 들어올 뿐이었다. 유격 전술마저 포기한 홍군에게 이러한 백군의 작전은 절대적으로 불리한 조건이었다. 전쟁은 1년 넘게 이어졌고, 그만큼 희생자도 늘어났다. 국민당에 의해 농민을 비롯한 수많은 사람들이 죽어 갔다. 그 숫자는 무려 100만을 넘었다.

네 번의 전쟁을 치르는 동안 장시성에 세워진 중화 소비에트 공화국은 전쟁이 없던 시절보다 오히려 더욱 발전할 수 있었다. 빼앗은 무기로 홍군의 군사력은 증강되었고, 전쟁 중에도 농민을 대표로 하는 민중을 위한 정책을 펼친 덕에 민심은 공산당 쪽으로 완전히 기울었다. 토지는 재분배되어 농민들은 착취의 끈에서 벗어날 수 있었고, 모두 똑같이 15퍼센트인 일률적인 세금은 공평한 사회가 실현되고 있다는 믿음을 줄 수 있었다. 많은 집단 기업이 설립되었고, 소비에트 협동조합은 사람들이 생활하는 데 필요한 여러 가지 생필품을 만들었다. 매춘과 노예제도가 사라졌고, 강제 결혼이 사라졌으며, 교육을 통해서 문맹은 점차 사라져 갔다.

그런 세상이야말로 마오쩌둥이 바라던 참된 세상이었다. 긴 세월 동안 일궈 놓은 차별 없는 세상, 농민들의 세상. 그러나 또 한 번의 전쟁은 그 모든 것을 앗아 갔다. 농민으로 구성된 예비 병력을 포함해 총병력 18만 명, 사용 가능한 무기라고는 소총과 수류탄 정도가 전부인 홍군으로 400여 대의 전투기를 앞세운 100만 대군을 막아 내기는 아무래도 무리였다.

공산당은 이제 더 버틸 수가 없었다. 더 이상 희생을 줄이는 길은 서둘러 장시성을 벗어나는 길뿐이었다. 마오쩌둥이 참석하지 않은 가운데 당 지도부는 지금까지 장시성에 세워진 소비에트의 모든 것을 포기한다는 결정을 내렸다. 그러나 도대체 어디로 갈 것이며, 무엇을 할 것인지 마땅한 대처 방안은 나오지 않았다. 백군의 공격을 피해 달아나는 것이 급선무였던 것이다.

1934년 10월 16일, 1년여에 걸쳐 1만 2500킬로미터를 이동한 고난의 대장정은 이렇게 아무런 계획 없이 시작되었다. 기나긴 후퇴였다.

다시 찾은 권력

운산고사에 있던 마오쩌둥은 장정이 시작되고 이틀이 지나서야 대열에 합류할 수 있었다. 일부러 그랬는지 혹은 마오쩌둥의 존재를 잊은 것인지는 알 수 없지만 당 지도부는 마오쩌둥과 허쯔전을 그대로 두고 출발했던 것이다. 장정이 시작되고 이틀이 지난 18일 홍군 대열이 운산고사를 지나게 되었고, 다행히 마오쩌둥과 허쯔전은 아이를 병사에게 맡긴 채 대열에 합류하게 되었다.

며칠이 지나지 않아 전투기를 비롯한 백군의 무자비한 폭격으로 홍군 병력은 반으로 줄어들었다. 그러나 공산당 지도부는 아무런 대처 방안을 세우지 않았다. 그들이 세운 계획이라는 것이 고작 나뉘어 있던 몇 개의 군대를 다시 합한다는 것뿐이었다. 마오쩌둥은 서둘러 앞으로 벌어질 상황들을 머릿속에 그려 보았다. 그러나 그가 보기에는 그것은 무모한 계획이었다. 안 그래도 백군의 눈을 피하기 힘든 상태에서 병력을 합친다는 것은 참으로 위험천만한 작전일 뿐이었다. 만약 실패한다면 홍군은 물론 공산주의는 영원히 중국에서 발을 붙일 수 없을 게 틀림없었다. 새로운 대안이 필요했다. 그러나 마오쩌둥은 이제 아무런 힘이 없었다. 그렇다고 당하고 있을 수만은 없었다.

마오쩌둥은 모든 책임을 지겠다는 각오로, 심지어는 잘못될 경우 자신의 목숨을 당 지도부에 내놓겠다는 말을 덧붙이며 적군의 세력이 약한 구이저우(귀주 貴州)로 진격할 것을 주장했다. 더 이상 잃을 것이 없는 당 지도부는 그제야 마오쩌둥의 제안을 수락했다.

작전은 성공했다. 백군은 구이저우를 공격해오리라고는 전혀 예상하지 못했던 것이다. 어떻게 손써 볼 겨를도 없이 백군은 홍군에게 구이저우를 내주었다. 홍군은 이어 쭌이(준의 遵義)를 점령했다. 쭌이를 점령함으로써 홍군은 백군을 피해 장시성을 벗어날 통로를 확보한 셈이었다.

쭌이를 점령하고 어느 정도 숨통이 트인 상태에서 당 지도부는 '정치국 확대회의'를 개최했다. 1935년 1월 15일이었고, 쭌이 회의를 통해 마오쩌둥은 파란만장한 정치 권력의 소용돌이 속에서 다시 한 번 권력을 획득할 수 있었다.

쭌이 회의에서는 국민당과의 전쟁에서 실패한 당 지도부의 실책이 강하게 비판받았다. 유격 전술을 버리고 수동적인 방어 전술을 채택한 것에 대해서, 국민당군에 반란한 부대와의 협력을 무산시킨 것에 대해서, 그리고 장정 초기의 수많은 잘못에 대해서 박고를 비롯한 소련 유학파는 모든 잘못을 시인할 수밖에 없었다. 물론, 독일인 군사 고문 오토 브라운은 그 모든 것을 부인했지만 대세는 이미 마오쩌둥의 노선이 옳았다는 쪽으로 흐른 뒤였다.

새로운 근거지 산시성을 향해서

장시성을 떠난 뒤에 얼마 동안 홍군은 빠르게 전진할 수 있었다. 장시성에 남은 농민군이 역시 마오쩌둥에게 배운 유격 전술로 백군을 교란하며 홍군의 장정을 도왔던 까닭이었다.

쭌이 회의를 통해 새로운 근거지로 결정된 곳은 양쯔강(양자강揚子江) 건너 쓰촨성(사천성四川省)이었다. 그러나 쓰촨성은 이미 백군이 점령한 상태였다. 백군은 양쯔강에 있는 배를 끌어다 북쪽에 단단히 묶어 두었고, 도로는 봉쇄했으며 곡식은 모두 거둬들였다. 어쩔 수 없이 홍군은 양쯔강 남쪽에서 몇 달을 보내며 백군과 전쟁을 치러야 했다. 마오쩌둥의 유격 전술은 여전히 효과를 나타냈다. 치고 빠지는 싸움에서 많은 승리를 거두며 홍군은 새로운 병력을 보충할 수 있었다. 그렇게 여러 달을 보내며 속고 속이는 작전 끝에 홍군은 무사히 양쯔강을 건널 수 있었다. 그리고 새로운 근거지 산시성을 향해 나아갔다.

산시성으로 향하는 길은 멀고 험한 길이었다. 무엇보다 힘들었던 것은 다두강(대도하大渡河)를 건너는 일이었다. 예부터 그 지역을 차지하고 있는 몇몇 원주민과는 어쩔 수 없는 싸움을 치르기도 했다. 그리고 대부분은, 때로는 먼 훗날 독립을 약속하며, 때로는 전쟁에서 가장 중요한 무기를 나누어 주며 협조를 얻을 수 있었다. 그리하여 그들은 마침내 티베트 동쪽의 깊은 산중 협곡으로 이루어진 다두강에 닿았다. 다두강를 건너기 위해서는 루딩치아오(노정교瀘定橋)를 반드시 건너야 했고, 그러기 위해서는 많은 희생이 필요하다는 것을 홍군은 잘 알고 있었다.

루딩치아오 건너편에는 이미 2천여 명에 가까운 백군이 포진해 있었고, 다리의 중간까지는 쇠줄만 남겨 놓은 채 바닥을 다 제거한 상태였다. 누구든지 루딩치아오를 건너려 한다면 틀림없이 적군의 총에 목숨을 잃을 것이 뻔했다. 그런데도 루딩치아오를 건너겠다고 나서는 홍군 병사들은 많았다. 지원자 가운데 30여 명이 선발되었다.

그들은 일제히 다리의 쇠줄에 매달리기 시작했다. 당연히 백군의 총알이 그들에게 날아들었다. 앞서 가던 대부분의 병사들이 목숨을 잃은 채 협곡으로 떨어졌다. 그리고 살아남은 몇몇이 바닥이 있는 다리 중간까지 간 뒤 백군을 향해 달리기 시작했다. 미치지 않고서는 불가능한 이 놀라운 현실 앞에서 백군은 넋을 놓아 버렸다. 홍군 병사들이 던진 수류탄 가운데 하나가 적의 방어 진지에 떨어졌다. 싸움은 홍군의 승리였다. 많은 백군 병사들이 달아났고, 더 많은 병사들이 홍군에 투항했다.

"홍군 만세! 홍군 만세! 홍군 만세! 홍군 만세!"

오래도록 홍군 만세를 외치는 환호 소리가 다두강에 울려 퍼졌다.

대도하를 건너고도 그들은 늪과 초원, 사막을 횡단해야 했다. 그리고 마침내 그들은 장정을 시작한 지 정확히 368일 만에 1만 5천 킬로미터의 긴 후퇴를 끝마쳤다.

하루에도 몇 번씩이나 전투를 치러야 했으며, 열 개의 지역 군벌의 포위망을 뚫어야 했다. 지구상의 그 어떤 시대에도 이처럼 혹독한 역사는 존재하지 않았다.

이 혹독한 역사의 시련으로 장시성을 출발한 9만여 명의 병력 가운데 산시성에 도착한 홍군은 1만 5천 명을 넘지 않았다. 그나마 살아남은 대다수의 병사들은 산시성에서 영양실조 혹은 부상 후유증으로 목숨을 잃어야 했다. 결국 살아남은 병력은 5천이 넘지 않았다. 처절한 패배였다. 그러나 이처럼 혹독한 고난의 세월은 중국 공산당을 다시 태어나게 했다.

"장정은 진실에 대한 선서이며, 진실의 무대이며, 진실을 파종하는 시기였다. 결국, 장정을 통해 우리는 승리했고, 적은 패배했다. 이제 고난은 끝났고 우리는 이제 다시 일어설 것이다."

마침내 홍군은 산시성의 바오안(보안保安)에 도착했다. 장정의 끝을 알리며 마오쩌둥은 그렇게 외쳤다. 새로운 시대에 대한 예고였다.

6. 승리의 시절, 중국의 붉은 통일을 꿈꾸다

하늘이 내린 기회

섬서성 보안에 도착한 홍군의 모습은 초라하기 그지없었다. 그러나 그들의 눈빛은 맑고 반짝거렸다. 홍군은 이제 어떠한 시련과 고난이 있더라도 결코 좌절하지 않을 것이다. 그것이 그들의 신념이었다. 그 것은 또한 마오쩌둥의 신념이었고, 중국 공산당과 민중의 신념이기도 했다. 그리고 마침내 인간들의 간절한 신념이 모여 하늘에 닿은 것만 같은 뜻밖의 사건이 시안(서안西安)에서 일어났다.

만주 사변 이후 공공연히 중국 침략을 노리던 일본의 만행은 갈수록 심해졌다. 중국 곳곳에서 일본과 대항하여 싸우자는 목소리가 높아진 것은 당연한 결과였다. 그러나 장제스의 국민당은 만주국 설립 때와 마찬가지로 공산당과의 전쟁만을 생각할 뿐이었다.

장제스는 이제 산시성에 몰린 잔당들만 쳐부수다면 공산당을 중국 땅에서 영원히 뿌리 뽑을 수 있으리라 생각했다. 그리고 그것은 아주 쉬운 일처럼 보였다.

왜 아니겠는가. 산시성에 미리 기반을 잡고 있는 지역 공산당과 힘을 합쳤다고는 하지만 중국 공산당은 장제스가 보기에는 여전히 보잘 것없는 수준이었다. 공산당이 아무리 신념으로 무장했다고 해도, 그것은 단지 마음일 뿐이었다. 마음으로만은 결코 승리할 수 없는 것이 전쟁의 엄연한 현실이었다. 비행기와 포탄을 앞세워 장시성의 근거지에서 공산당을 몰아냈던 것처럼, 산시성의 공산당 잔당을 모조리 소탕한다면 전쟁은 끝나고 중국은 국민당의 손에 들어올 것이라고 장제스는 생각했다.

1936년 12월 7일, 시안으로 장제스가 비행기를 타고 날아간 것도 그런 까닭이었다. 그는 직접 백군을 지휘하며 단숨에 산시성의 공산당을 소탕할 생각이었다. 그러나 그가 국민당의 승리를 꿈꾸며 시안으로 날아온 지 채 5일이 지나지 않아 그의 꿈은 물거품이 되었다.

1936년 12월 12일, 장제스가 그의 부하였던 장쉐량(장학량張學良)에 의해서 감금되는 사건이 벌어졌다. 국민당 내부에서 쿠데타가 벌어진 것이다.

장쉐량은 장쭤린의 아들로 일본을 앞세우고 국공 합작군과 끝까지 맞서던 아버지와는 달리 국민당과 손을 잡은 군벌 출신이었다. 장쭤린이 일본에 의해 죽게 되면서 장쉐량은 일본의 야욕을 깨닫고 일본과 대항할 것을 다짐했다. 그러나 그가 믿고 따르는 상관은 오로지 공산주의자들을 때려죽이는 데 미쳐 있는 사람처럼 보였다.

12월 9일, 산시성 일대에서 학생들을 주축으로 대규모 시위가 벌어졌다. 공산당과의 전쟁을 멈추고 일본과 싸우라는 것이 시위대가 내세운 주장이었다. 장제스의 군대가 그들을 향해 총을 발포했고, 그 때문에 흥분한 군중들이 학생들과 합세해 더 크고 거친 대규모 시위가 벌어졌다.

장쉐량이 시위대의 뜻을 전달하는 탄원서를 장제스 총통에게 제출하겠다고 나서면서 겨우 시위대는 해산했다. 그러나 장제스는 여전히 생각을 바꾸지 않았다. 10일 벌어진 참모회의에서 홍군에 대한 대규모 섬멸 작전이 결정되었다. 다시 한 번 피의 폭풍이 몰아칠 위기였다. 더욱이 장제스는 장쉐량을 비롯해 공산당과 함께 일본과 대항하기를 원하는 부대장들을 공산주의자로 내몰아 처단할 계획을 세우기도 했다. 이 은밀한 계획을 들은 장쉐량은 그대로 당할 수만은 없었다. 그리하여 12월 12일 또 다른 처단 대상 부대장들과 함께 장제스에 대한 쿠데타를 실행했다.

첫째, 국민당을 개혁하고 모든 정파를 구국에 동참시킬 것

둘째, 내전을 즉각 중단하고 항일 정책을 마련할 것

셋째, 체포한 일곱 명의 애국지도자를 석방할 것

넷째, 체포한 정치범을 전원 석방할 것

다섯째, 대중 집회의 자유를 보장할 것

여섯째, 인민에게 애국적 단체를 조직할 자유와 정치적 자유를 보장할 것

일곱째, 쑨원의 뜻을 받들고 이를 적극적으로 수용할 것

여덟째, 전국구국회의를 즉각 소집할 것

쿠데타에 성공한 장쉐량은 선언을 통해 위와 같은 여덟 가지 조건을 장제스에게 공식적으로 요구했다. 그것은 중국 공산당이 그동안 주장해 온 정책과 거의 같은 것이었다.

나라를 위한 위험한 모험

국민당 내부의 쿠데타에 따라 중국의 기류는 전혀 예상하지 못했던 쪽으로 흘러가기 시작했다. 그토록 공산당을 괴롭히던 장제스의 목숨은 이제 공산당 수중에 들어온 것처럼 보였고, 일본에 대항하기 위한 새로운 협력이 이루어질 듯했다. 그 협력을 통해 공산당은 당분간 안정을 보장받을 수 있을 터였다. 그런 안정은 공산당에게 다시 한 번 혁명 세력을 모을 수 있는 시간을 마련해 줄 것이었다.

마오쩌둥은 급히 회의를 소집했다. 시안에서 벌어진 사태에 대해 공산당은 어떻게 대응해야 할 것인가? 많은 사람들이 장쉐량에게 장제스의 처형을 공식적으로 요구하자고 했다. 특히 젊은 장교들 사이에서 그런 요청이 많았고, 그것은 당시 공산당을 지지하는 수많은 민중의 뜻이기도 했다.

마오쩌둥의 생각은 달랐다. 만약, 장제스가 처형된다면 공산당을 적대시하는 최대의 적이 없어질 것이다. 그러나 장제스가 죽게 된다면 어떤 일이 벌어질 것인가. 공산당에게 그것은 기회가 될 수 있겠지만 중국에게 그것은 또 한 번의 엄청난 비극으로 다가올 것이었다. 장제스가 비록 적이었으나 장제스에게는 군벌들을 휘하로 끌어 모은 힘이 있었다. 그런데 만약 장제스가 죽게 된다면 그의 힘 아래 모여 있는 수많은 군벌들은 중심을 잃고 분열될 것이었다. 그리고 또다시 서로 힘을 과시하며 새로운 주도권 전쟁을 벌일 것이 틀림없었다. 중국은 다시 분열될 것이라고 마오쩌둥은 생각했다.

회의에서는 장제스의 처형을 원하지 않는다는 마오쩌둥의 뜻이 받아들여졌다. 공산당은 즉각 장쉐량의 반란군과 힘을 합쳐 일본과 대항할 것이며, 그것을 위해 모든 노력을 기울일 것이라고 회의를 끝낸 마오쩌둥은 선언했다.

이제 나라를 위한 위험한 모험을 치를 때였다. 공산당을 대표해서 저우언라이와 예젠잉(섭검영 葉劍英), 그리고 보꾸 세 사람이 장쉐량의 반란군과 협상을 위해 시안으로 갔다. 그들은 장쉐량에게 공산당은 장제스의 처형을 원하지 않으며, 다만 국민당이 공산당과 힘을 합쳐 항일 전선을 구축하기를 바랄 뿐이라고 했다. 그러기 위해서는 우선 구금되어 있는 장제스를 석방해야 할 것이라고 공산당 대표는 주장했다. 만약, 그들의 선택이 잘못되어 장제스가 다시 공산당에게 총부리를 겨눌 경우 공산당은 엄청난 타격을 입을 것이었다. 어쩌면 그 타격으로 중국 공산당이라는 이름은 영원히 사라질지도 몰랐다. 그러나 마오쩌둥과 중국 공산당은 그런 엄청난 모험을 감행했다.

일본과의 전쟁

장제스는 어쩔 수 없이 장쉐량의 요구를 들어줄 수밖에 없었다. 그가 자리를 비운 사이 국민당의 난징 정부에서는 권력을 차지하려는 음모가 진행되고 있었고, 일본의 야욕이 속속 드러나면서 중국의 대세는 일본과 맞서 싸우자는 쪽으로 잔뜩 기울어 있었던 것이다.

1936년 12월 25일, 구금된 지 13일 만에 풀려난 장제스는 공산당과의 협력을 통해 일본과 대항한다는 장쉐량에 뜻에 수긍했지만 한동안 일본에 대한 전쟁을 미루기만 했다. 그러나 루거우차오 사건(노구교사건 蘆溝僑事件)을 접하고는 장제스도 더는 그대로 일본의 만행을 두고 볼 수만은 없었다.

1937년 7월 7일, 베이징 근교에 주둔한 일본군이 야간 훈련을 하던 중에 10여 발의 총소리가 들린 뒤 병사 한 명이 행방불명되는 사건이 발생했다고 밝혔다. 나중에 알고 보니 이 병사는 단지 용변을 보고 왔을 뿐이라고 했지만, 일본군은 중국 측의 도발이라며 루거우차오를 점령하는 것을 시작으로 베이징과 톈진(天津천진) 등에서 전쟁을 일으켰다. 명나라 이후 중국의 수도였던 베이징의 침략은 일본에 대해 우호적이었던 장제스에게도 더 이상 일본을 그대로 두고 볼 수 없게 만들었다. 마침내 중국과 일본이 전면적인 전쟁에 들어갔다.

일본과의 전쟁은 공산당에게 매우 유리한 조건을 가져다주었다. 국민당의 근거지였던 난징에 비해 공산당의 근거지인 산시성이 전투 현장에서 좀더 멀리 떨어져 있었던 것이다. 더욱이 1937년 12월에 난징을 장악한 일본군이 30만 명이 넘는 남경의 중국인을 무자비하게 학살하면서

막심했다. 난징 정부라 불리던 국민당은 자신들의 도시를 잃고 양쯔강을 따라 후퇴할 수밖에 없었다.

국민당군이 물러난 자리에서 계속 전쟁을 치른 것은 공산군이었다. 국민당과의 협력에 따라 국민혁명군이라 이름을 바꾸고 국민당군에 속하긴 했지만 그들은 여전히 홍군일 수밖에 없었다. 그들의 사상은 공산주의로 무장되어 있었고, 그들의 전술은 마오쩌둥에 의해서 발전한 유격 전술이었다.

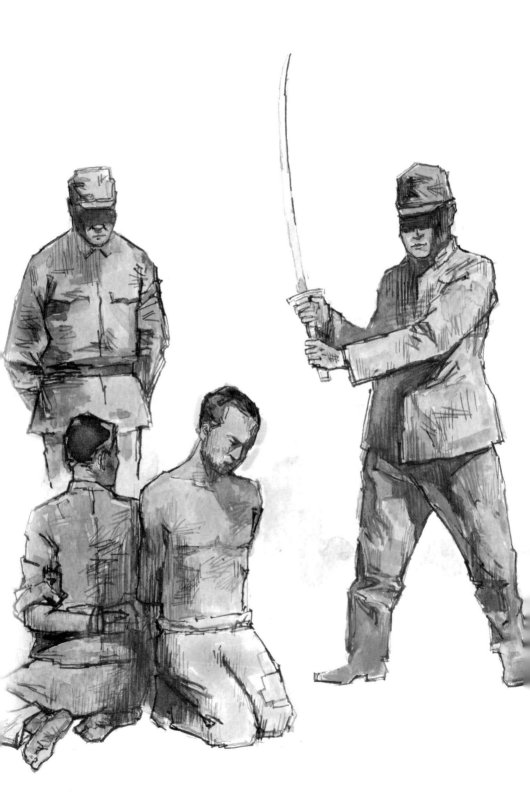

국민군이 달아난 자리에서 공산군은 치고 빠지는 전쟁을 통해 일본의 우월한 군사력과 맞설 수 있었다. 더욱이 그들은 전쟁을 하는 중에도 민중들을 모아 놓고 공산주의를 알리는 연극 등 공연을 펼쳐 보이기도 했다. 국민당과의 전쟁이 아니었으므로 민중을 모으는 것은 언제나 자유로웠다. 그런 까닭에 전쟁을 치르면서 오히려 공산당의 세력은 더욱 커져 갔다.

일본과 전쟁이 한창일 때 마오쩌둥의 삶에는 또 하나의 변화가 찾아왔다. 국민당과의 협력을 기점으로 산시성의 소비에트 중심지는 보안에서 옌안(연안延安)으로 옮겨졌는데, 수많은 젊은이들과 항일 투쟁 혁명가들이 그곳에 찾아들었다. 그리고 그때 찾아온 젊은 대학생 장칭(강청江靑)과 마오쩌둥은 새로운 사랑에 빠졌다. 그것은 엄연한 불륜이었다. 허쯔전은 그런 남편이 미웠지만 이제는 공산당의 최고 지도자로 부상하고 전 인민의 우상이 되어 버린 남편에게 감히 뭐라고 할 수 없었다. 어쩔 수 없이 허쯔전은 마오쩌둥 곁을 떠나기로 결심했다. 여섯 번째 임신을 한 허쯔전은 상하이에 가서 아이를 지우고 전쟁 중에 입은 부상을 치료하고 싶다고 말했고, 마오쩌둥은 이를 받아들였다.

상하이로 떠난 허쯔전은 상하이를 점령한 일본의 눈을 피해 모스크바로 날아갔고 두 사람은 그렇게 영영 이별하게 된다. 그리고 마오쩌둥은 얼마 지나지 않아 장칭과 새로운 살림에 들어갔다.

장제스의 배신과 내전의 검은 그림자

공산당의 세력 확장은 장제스에게 다시 불안한 마음을 싹트게 만들었다. 그는 서둘러 일본과의 전쟁을 끝내고 공산당을 중국 땅에서 몰아낼 생각이었다. 그러나 마오쩌둥은 일본에 대한 섣부른 대응이 오히려 독(毒)이 될 뿐이라고 했다.

전쟁은 하루아침에 시작되고 끝나는 것이 아니었다. 더욱이 일본과 같은 열강과의 싸움에서 승리하기 위해서는 오래도록 싸움을 끌며 적을 지치게 하는 것이 가장 중요한 열쇠가 될 것이라고 마오쩌둥은 강조했다. 그것은 지난날 마오쩌둥이 채택했던 유격 전술이었는데 장제스에게는 아무래도 못마땅한 전술이었다.

더욱이 마오쩌둥은 더 이상의 내전을 막기 위해서 사상을 뛰어넘는 연립 정부가 필요하며, 그런 정부의 구성이 이루어질 경우 공산당은 국민당과 더욱 긴밀한 협조를 취할 것이라고 주장했다. 이런 주장은 공산당을 향한 장제스를 불안과 분노로 다시 한 번 들끓게 만들었다.

연립 정부라니…… 일본과의 전쟁만 아니었다면 진작에 중국에서 사라졌을 공산당 주제에 연립 정부를 이야기하다니……. 장제스는 분노했고 마침내 공산당과의 모든 약속을 다시 한 번 어기고 만다.

1939년 12월, 장제스는 공산당의 근거지인 옌안을 봉쇄하고 다음 해 4월에는 국민당군에 편입한 공산당 신4군을 공격하기 시작했다. 이로써 또다시 국민당과 공산당의 협력은 끝나고 새로운 내전의 검은 그림자가 드리워지기 시작했다. 그러나 다행히도 당장에 내전이 일어나지는 않았다.

그때 마침 일본은 진주만을 공격하고 세계를 지배하려는 야욕을 만천하에 드러내기 시작한 것이다. 이를 계기로 전 세계는 제2차 대전이라는 광란의 피바람 속에 빠져 들었다. 국민당은 우선 일본을 물리쳐야 했다.

국공 합작이 깨어진 상태에서 이제 국민당과 공산당은 각각 일본과의 전쟁을 계속해서 치러 나갔다. 국민당은 일본을 물리치려는 미국의 어마어마한 원조를 받아 최신식 대량 무기를 앞세워 일본과 싸웠으며, 공산당은 여전히 유격전을 펼치며 일본과 맞섰다.

일본의 항복, 그리고 마지막 전쟁

1945년 8월 6일과 9일, 일본의 히로시마와 나가사키에 원자폭탄이 떨어졌다. 원자폭탄은 실로 무시무시한 악마적 위력을 지니고 있었다. 원자폭탄은 결코 다시는 사용해선 안 될 악마의 무기였던 것이다.

단 두 발의 폭탄으로 히로시마는 단숨에 쑥대밭이 되었다. 수십만 명이 넘는 민간인이 죽었고 도시는 폐허가 되었다. 한 발의 원자폭탄이 다시 일본 땅에 떨어진다면, 아니 반 발의 원자폭탄이 떨어진다고 해도 일본은 그대로 바다 속으로 가라앉을 것만 같았다. 히로시마에 원자폭탄이 떨어지고 일주일 뒤 일본 천황은 아무런 조건 없이 즉각 항복한다고 선언했다. 세계를 피바람 속에 몰아넣었던 세계 대전이 막을 내리는 순간이었다.

그러나 그것은 중국에서 벌어지는 또 다른 전쟁의 시작이었다. 일본이 항복한 뒤 마오쩌둥은 만주로 공산군을 서둘러 투입했다. 만주는 인구가 적은 대신 자원이 풍부한 곳이어서 소비에트 정부가 뿌리내리기에는 더없이 좋은 지역이었다.

물론, 여러 가지 어려움이 따를 것이었다. 국민당과의 전쟁이 불가피할 것이었으며, 아직 만주를 떠나지 않은 일본군과도 싸워야 할 것이었다. 그리고 만주는 아직 공산당의 세력이 거의 미치지 않는 지역이었다. 그러나 만주로의 공산군 투입은 마오쩌둥에 의해서 선택되었고, 그렇기에 그것은 반드시 이루어야할 사항이었다.

1943년, 일본과 전쟁이 한창이던 때에 마오쩌둥은 더 이상 넘볼 수 없는 산으로 추앙받기 시작했다. 류사오치(유소기劉少奇)에 의해서 정립된 '마오쩌둥 사상' 때문이었다.

류사오치에 따르면 마오쩌둥은 소련 공산주의 이론을 소련 보다 더욱 발전된 형태의 중국 공산주의로 발전시켰다. 이제 공산주의 사상은 마오쩌둥에 의해서 더 이상 발전시킬 수 없는 완벽한 상태가 되었다. 그러기에 모든 인민 대중들은 마오쩌둥 사상으로 굳게 무장하고, 마오쩌둥 사상과는 다른 형태를 띄는 모든 것들은 잘못된 것으로 배격해야

했다. 여기에는 마오쩌둥에 대한 개인숭배 사상이 다분히 심어져 있었다. 하지만, 일본과 국민당이라는 두 개의 큰 적과 맞서 싸워야 하는 중국 공산당은 하나로 힘을 합할 수 있는 강력한 구심점이 필요했다.

이렇게 뭉친 힘은 일본이 항복한 뒤에 더욱 빛을 발휘했다. 공산당은 국민당에게 만주의 몇몇 지역을 내주었지만 대부분을 자신들의 근거지로 만들었다. 미국의 막대한 원조를 받은 국민당과 맞서 공산당은 번번이 승리했다. 이제 공산당도 100만이 넘는 병력을 지니고 있었으며, 공산당원도 120만 명이 넘어섰다.

일본과의 전쟁이 끝나고 국민당과의 협력을 위한 노력이 몇 번이나 실패하고 마오쩌둥은 장제스와 국민당에게서 더 이상 중국의 밝은 미래를 위한 해답이 나오지 않는다고 생각했다. 그리하여 1946년 6월 대대적인 '해방전쟁'이 시작되었다.

1947년 3월, 공산당의 새로운 근거지 옌안이 국민당에게 포위당했지만 그것은 단순한 속임수일 뿐이었다. 중국 공산당은 소비에트 중심지였던 옌안을 포기하고 이미 시바이포(서백파西栢坡)로 근거지를 옮긴 뒤였다. 국민군이 그런 속임수에 속아 옌안을 공격할 때 공산군은 만주를 포함한 많은 지역에 새로운 근거지를 만들었다. 그리고 그때마다 공산당은 일본 앞잡이를 처단했고, 지금까지 그랬듯이 지주들에게서 땅을 몰수했으며, 그 땅을 공평하게 재분배했다. 교육과 집회를 통해서 공산주의를 알렸고 병사를 모았다.

그런 작전은 시바이포에서 내려진 마오쩌둥의 지시에 따라 이루어졌다. 시바이포에서 마오쩌둥은 전쟁의 승리를 확신하며, 앞으로 건설할 새로운 정부와 중국의 미래를 미리 구상하기도 했다. 그리고 그런 확신은 1949년 마침내 실현되었다.

리다자오를 추억하다

1949년 1월, 만주를 완전히 장악한 공산군은 베이징으로의 진군을 준비했다. 이미 국민군의 사기는 땅바닥에 떨어졌으며, 국민당 내부에서는 장제스에 대한 불만이 불거지면서 자주 음모가 터지기도 했다. 그런 모든 것이 공산군이 베이징을 함락하는 데 도움이 되었다. 그러나 공산군이 베이징을 함락할 수 있었던 가장 큰 힘은 역시 농민을 비롯한 민중이었다. 이미 여러 곳에서 공산당이 인민을 위한 정책을 펴고 있다는 사실을 알게 된 많은 사람들이 공산군의 승리를 기원했으며, 그것이야말로 공산군의 가장 든든한 배경이었다.

1941년 1월, 베이징은 공산당의 손에 들어왔다. 4월에는 난징이 공산당의 손에 들어왔다. 그리고 5월에는 상하이가, 8월에는 창사가 공산당의 손에 들어왔다. 그리고 그해 10월 1일 마오쩌둥은 톈안먼 광장에 모인 수만 인파를 바라보며 중화인민공화국의 개국을 선언했다. 광저우를 비롯해 몇몇 지역이 남아 있었지만 이제 그 몇 곳을 손에 넣는 것은 아주 쉬운 일이었다.

마오쩌둥이 시바이포를 떠나 베이징에 입성한 것은 3월 25일이었다. 함께 베이징으로 향하는 그 어떤 사람보다 마오쩌둥의 감회는 남달랐다. 인민 해방을 위한 혁명전쟁은 이제 곧 끝날 것이고 중국은 새로운 미래를 맞이할 터였다. 그리하여 새롭게 열린 새 역사의 중국, 중화인민공화국의 수도로 결정된 베이징으로 향하는 길이었다.

때로는 적군에게 체포되어 죽음을 무릅쓴 탈출을 시도해야 했고, 총알이 빗발치는 전쟁을 겪어야 했으며, 때로는 어렵게 쌓아올린 모든 것을 음모와 시기로 한순간에 잃어야만 했다.

지난날을 생각하던 마오쩌둥의 눈앞에 유난히 어른거리는 사람이 있었다. 바로 리다자오였다.

"벌써 30년이네요. 30년 전에 나는 아무것도 모른 채 그저 중국의 미래와 민중을 위한 길을 걸어가겠다고 막연히 다짐했지요. 이런저런 실패도 많이 하고 인생의 쓴맛도 보았구요. 다행히 베이징에서 매우 훌륭하신 선생님을 만나 막연하던 나의 미래를 결정하게 되었지요. 리다자오 동지가 바로 그분이에요. 그가 아니었다면 오늘날의 나는 결코 있을 수 없었을 겁니다. 그분의 도움으로 나는 공산주의가 무엇인지 알게 되었고, 또 올바른 공산주의자로 성장했으니까요. 안타까운 건 그런 분이 너무 일찍 세상을 떠났다는 것이지요. 혁명이란 그런 것이기는 하지만요."

함께 길에 올른 측근에게 갑자기 흐뭇한 웃음을 보이며 마오쩌둥이 리다자오에 대한 이야기를 꺼내기 시작했다.

"아, 나는 어떻게 공산주의자가 되었는가."

리다자오에 대해 이야기하는 마오쩌둥의 눈앞에 지난 시절들이 주마등처럼 스쳐 지났다.

7. 영광의 시절, 강한 중국을 꿈꾸다

스탈린과의 만남

중화인민공화국 개국을 선포하고 국가 주석에 오른 마오쩌둥이 대외적으로 처음 한 일은 소련에 가서 스탈린을 만난 것이었다. 그러나 소련으로 향하는 그의 발걸음은 그리 가볍지 않았다. 이른바 소련파라고 불리던 수많은 중국 공산당내 소련 유학파를 상대로 당적까지 빼앗기며 밀고 당기던 세력 다툼을 하던 그가 아니었던가. 더욱이 스탈린은 중국이 두 개로 나누어지기를 바라던 인물이었다.

1949년 초, 스탈린의 밀사가 서바이포로 은밀히 찾아왔다.

"양쯔강 이남으로는 진격을 멈추시오."

"도대체 지금에 와서 그게 무슨 말이오? 우리는 인민의 혁명을 위해 지금까지 싸워 왔소. 그런데 이제 와서 혁명을 포기하란 말이오?"

"아니, 혁명을 포기하라는 것이 아니오. 혁명을 위해서 양쯔강 이북만을 우선 공산주의 깃발 아래 놓으라는 것이오. 당신들이 만약 우리의 경고를 무시하고 양쯔강을 넘어 국민당을 몰아붙인다면 공산주의를 반대하는 미국이 전쟁에 개입하게 될 것이오."

"무슨! 그게 무슨 미친 헛소리란 말이오. 그들이 왜 우리의 혁명전쟁에 개입한단 말이오."

"마오쩌둥 동지. 당신도 잘 알지 않소. 미국이 공산주의를 얼마나 싫어하는지……. 그런 그들이 중국처럼 큰 나라가 온통 공산당의 땅이 되는 걸 원하겠소이까? 우리들의 첩보에 의하면 벌써 저들은 당신네 나라로 군대를 보낼 모든 준비를 끝냈다고 하오."

스탈린의 밀사는 거의 협박조로 마오쩌둥에게 말을 이어 갔다.

마오쩌둥은 아주 잠깐 고민에 빠져야 했다. 지금까지 미국의 태도를 본다면 중국 안에서 벌어지는 해방 전쟁에 미국이 개입할 가능성은 상당히 높았다.

어떻게 해야 할 것인가. 스탈린의 말대로 양쯔강을 사이에 두고 공산당의 나라와 국민당의 나라, 이렇게 두 개의 나라를 만들어야 한단 말인가. 그럴 수는 없는 노릇이었다. 혁명을 위해 흘린 피는 결코 양쯔강 북쪽에만 있는 것은 아니었다. 모든 중국 인민의 노력으로 이루어진 혁명이었다. 그 성공을 바로 눈앞에 두고 있었다.

마오쩌둥은 양쯔강을 넘어 공격할 것을 결심했다. 그리고 잠시 멈춰 있던 양쯔강 너머로 진군을 서두를 것을 명령했다.

전쟁에 승리하고 나서야 마오쩌둥은 그것이 스탈린의 농간이었음을 알아차렸다. 스탈린은 소련의 이익을 위해 두 개의 중국을 원했던 것이었다. 그런 스탈린을 찾아가는 마오쩌둥의 발걸음이 가볍지 않은 것은 너무도 당연한 일이었다. 그러나 스탈린을 찾아가야만 했다.

장제스의 국민당은 타이완(대만臺灣)으로 달아나 그들만의 나라를 세웠고 전쟁은 끝이 났다. 그러나 여전히 중국에는 해결해야 할 일들이 많았다. 경제는 엉망이었으며, 국경 지대에서는 이슬람교를 비롯한 몇몇 종족들이 독립을 요구하며 반란을 일으키기도 했다. 그런 모든 것을 해결하기 위해서는 소련의 원조가 반드시 필요했던 터였다.

"승리자에게는 결코 비난이란 있을 수 없소. 잘 오셨오."

마오쩌둥을 처음 만난 자리에서 스탈린을 그렇게 말했다.

비록 어느 정도 깔보는 뜻이 담겨 있었지만 마오쩌둥을 혁명의 승리자이며 중국의 지도자로 인정한다는 말이었다.

티베트 침략

마오쩌둥은 1949년 12월 소련에서 스탈린을 처음 만난 뒤에 다음 해 봄 다시 한 번 소련을 방문했다. 첫 만남이 두 사람만의 만남이었다면, 두 번째 만남은 저우언라이를 비롯한 몇몇 공산당 지도부를 대동한 공식적인 만남이었다. 이 두 번의 만남을 통해 중국은 소련과 우호 동맹을 체결하였고, 3억 달러의 차관을 받았다. 이로써 중국은 안정된 나라로 향하는 첫 걸음을 떼었다. 그러나 마오쩌둥은 안정된 나라를 넘어 강한 나라를 원했다.

마오쩌둥은 국경 지대에서 벌어지는 작은 반란에 대해 이야기를 시작했다. 그리고 서서히 자신의 뜻을 스탈린에게 내비치기 시작했다.

"아무래도 귀하께서 파견한 소련군을 당분간을 그대로 좀 남겨두어야 할 것 같습니다."

"그건 또 무슨 이유 때문이오?"

"중국에는 아직도 피를 부르는 반란이 많습니다. 물론 우리 인민군이 다 진압할 수 있는 수준이지요. 그러나, 아무래도 티베트의 고지대는 좀⋯⋯."

스탈린은 잠시 고개를 갸웃거리더니 이내 마오쩌둥의 제의를 수락했다.

"그래요. 티베트는 반드시 진압해야 하지요. 우리 지도부도 중국을 도울 수 있는 방안을 검토하겠소."

스탈린이 마오쩌둥의 제의를 쉽게 수락한 것은 티베트가 영국을 비롯한 서구 열강들의 원조를 어느 정도 받고 있기 때문이었다. 티베트는 해발 4000미터가 넘는 지상 최고의 고원지대로 '신들의 산' 혹은 '지구의 지붕'이라 불리는 작고 아름다운 나라였다. 이 작은 나라에 중국의 지배가 시작된 것은 원나라 시대였으며, 중국의 힘이 약해지던 18세기 후반부터는 영국과 러시아가 지배권을 놓고 세력 다툼을 벌이기도 했다. 그러다가 제2차 세계 대전 때부터 티베트는 다시 독립 정부를 수립할 수 있었다.

그런 티베트를 침략하겠다는 것은 마오쩌둥이 보인 첫 번째 야욕이었다. 젊은 시절부터 마오쩌둥은 여러 자리에서 티베트를 비롯해 약소민족의 독립을 주장했으며, 장정 시절에는 길을 터주는 조건으로 나중에 공산당이 혁명에서 성공할 경우 약소민족들의 독립을 보장하겠다는 약속을 하기도 했던 터였다. 강한 중국을 건설하고 모든 인민이 풍요롭게 살 수 있다는 명분이었지만 티베트 침략은 틀림없는 야욕이었다.

소련의 원조를 약속받은 마오쩌둥은 마침내 1950년 10월 티베트 공격을 명령했다. 다시 한 번 피의 전쟁이 벌어졌다. 그리고 다음 해 5월에 티베트에 자치권만을 인정하며 종주권은 중국에게 있다는 것을 티베트 정부가 승인하게 한 뒤에야 비로소 전쟁은 끝났다. 그러나 그 뒤로도 오랫동안 중국의 억압은 계속되었고 번번이 신들의 산에 인간의 피비린내가 퍼지곤 했다.

미국에 맞서 이기다

1950년 3월, 마오쩌둥은 북한이 한국을 상대로 전쟁을 준비한다는 보고를 받았다. 마오쩌둥은 만약 북한이 한국을 상대로 혁명전쟁을 일으킨다면 한반도의 인민을 해방을 위해 중국도 북한을 도울 것이라고 밝혔다.

마침내 1950년 6월 25일, 소련과 미국에 의해 갈라진 한반도 38선 남쪽으로 포탄이 날아들었다. 소련의 신식 무기를 앞세운 북한군은 엄청난 속도로 남쪽으로 밀고 내려왔다. 전쟁이 시작되고 며칠이 지나지 않아 북한군의 위력 앞에 남한군이 힘 한 번 제대로 쓰지 못하고 거의 모든 땅을 내주었을 때 미국이 전쟁에 참여했다. 그리고 다시 빼앗긴 땅을 되찾으며 미군과 남한군은 북으로 밀고 들어갔다.

중국군의 한국 전쟁 참전은 처절히 마오쩌둥의 계산 아래에서 이루어졌다. 전쟁은 소련과 북한이 계획하고 시작한 것이었고 중국에는 직접적인 책임이 없었다. 마오쩌둥을 뺀 나머지 대부분의 지도부에서 한국 전쟁 참여를 반대했다. 아무런 책임도 없는 전쟁에 참여할 까닭이 없었던 것이다. 더욱이, 아직 경제도 안정시키지 못한 상태에서 또 다른 전쟁에 끼어든다면 중국 경제는 회복하기 어려운 상태가 될 것이라고 했다.

그러나 마오쩌둥은 전쟁에 참여할 강력한 의지를 밝혔다. 이웃 공산주의 국가를 도와 전 세계 인민을 해방해야 한다는 것이 거의 유일한

이유라면 이유였다. 그러나 마오쩌둥의 계산은 그런 것에 있지 않았다. 그는 소련에게 북한 전쟁에 참여하는 조건으로 항공기와 차량을 비롯한 막대한 보급품을 요구했다. 소련은 이런 요구를 무시했지만, 미국의 개입으로 북한이 불리한 상황에 처하자 마오쩌둥의 요구를 들어주기로 협의했다. 스탈린도 물론 만만한 인물은 아니었다. 소련에서 제공하는 항공기를 대만에 새로운 정부를 구성한 국민당과의 전쟁에 절대로 사용하지 않겠다고 약속을 받아 낸 다음에야 중국의 모든 요구 조건을 들어준 것이었다.

1950년 10월 19일, 중국의 지원군이 북한을 향해 이동하기 시작했다. 항미원조전쟁(抗米援朝戰爭), '조선을 도와 미국과 맞서 싸우다'라는 이름이 붙은 이 전쟁의 총사령관은 마오쩌둥과 함께 수많은 혁명전쟁을 치러 냈던 펑더화이(팽덕회 彭德懷)가 맡았고, 마오쩌둥의 아들 마오안잉이 펑더화이의 러시아 통역관 겸 비서로 참여했다.

펑더화이의 명령에 따라 모든 차량이 불빛을 끄고 은밀하게 국경을 넘어 북한으로 이동했다. 통신도 꺼진 상태였고 모든 지원군은 명령에 따라 이미 북한군 복장으로 갈아입은 뒤였다.

대부분의 작전은 중국에 있는 마오쩌둥으로부터 내려졌다. 쉽게 전쟁을 끝낼 것이라는 마오쩌둥의 예상과는 달리 전쟁은 오랜 기간 계속되었다. 그동안 사상자가 발생하는 것은 당연한 결과였고, 스스로 전쟁에 지원한 마오쩌둥의 아들 마오안잉도 전쟁 중에 목숨을 잃었다.

마오쩌둥은 비통함을 감출 수 없었다. 혁명을 위해 가족의 희생이 너무 컸다. 그러나 어쩔 수 없는 일이었다.

"많은 사람들이 혁명을 위해 목숨을 잃거나 자식을 잃었습니다. 나 또한 그런 많은 사람 가운데 하나일 뿐입니다."

비통함을 감추며 마오쩌둥은 그렇게 말했다. 그리고 더 많은 사람들이 이웃 조선의 인민을 위한 전쟁에 참여해 달라고 호소했다. 많은 사람들이 전쟁에 참여했고, 혹은 참여를 강요당했다. 그리고 그런 많은 사람들의 희생으로 중국은 미국을 물리쳤다. 물론, 전쟁은 38선 부근에 휴전선을 긋고 끝을 맺었지만 휴전선 이북까지 몰려온 미국을 다시 휴전선까지 밀고 내려간 것은 중국군의 힘이었고, 그것은 분명 중국의 승리였다.

백 가지의 꽃이 한꺼번에 피다

한국 전쟁이 끝나고 몇 해 동안 마오쩌둥은 중국이 대단히 많은 발전을 거듭하고 있다고 생각했다. 혁명을 통해 농민은 지주에게서 해방되었으며, 그들이 생산하는 쌀은 대도시의 식품 가격을 안정시켰고, 이를 바탕으로 산업이 발전할 수 있었다.

한국 전쟁에서는 미국을 상대로 승리를 거두었으며, 비록 완전히 함락하지 못했지만 1955년 1월에는 대만을 상대로 전쟁을 벌여 몇 개의 섬을 점령하기도 했다. 아시아, 아프리카 국가들의 모임에서는 미국을 비롯한 서구 열강들에 대항하는 중국의 위치가 강조되기도 했다.

중국은 점점 강해지고 있었다. 적어도 겉으로 보기에는 그랬다. 그러나 중국이 강해질수록 중국 내부는 그만큼 곪아 갔다. 그것이 현실이었다. 대도시의 식품 가격을 안정시키기 위해서는 농민들에게서는 시장보다 싼 가격으로 강제로 쌀을 사들였으며, 농민을 해방시키는 과정에서 2,000만 명의 지주들이 처형되거나 강제 노동에 나서야만 했다. 많은 곳에서 시위가 일어났고, 마오쩌둥에 의해서 시행된 노동조합과 협동농장은 자주 파업을 일으켰다.

그런데도 중국이 어느 정도 안정을 누릴 수 있었던 것은 마오쩌둥이 갖고 있던 절대 권력의 힘이었다. 처음에는 그도 고향 사람들을 비롯하여 개인적 친분이 있는 사람들로부터 쏟아지는 수많은 청탁을 거절하며 오직 중국의 안정과 발전만을 위해서 모범적이고 헌신적으로 열정을 쏟아 부었다. 그리고 그런 노력은 성공을 거두었다.

그러나 모든 일이 뜻대로 될 수만은 없는 노릇이었다. 뜻대로 되지 않는 일이 많아졌고, 마오쩌둥은 그때마다 모든 일을 자신의 뜻대로 이루어지게 만들었다. 마오쩌둥은 점차 권력의 맛에 물들어 갔고, 그 권력을 마음껏 이용하기 시작했다. 혁명이 성공하고 중화인민공화국이 건설된 지 겨우 몇 해가 지났을 뿐이었다.

1956년 시위는 갈수록 거칠어졌으며, 1953년에 죽은 스탈린의 뒤를 이은 흐루시초프가 스탈린의 개인숭배 사상을 비난하기 시작했다. 그것은 스탈린에 대한 비난일뿐만 아니라 마오쩌둥 자신에게 쏟아지는 비난이기도 하다는 것을 그는 알 수 있었다. 권력에 물들어 독단적으로 변해 가던 마오쩌둥도 그때만큼은 모든 것을 수용할 의사를 밝혔다.

모든 사회는 수많은 모순들로 이루어져 있습니다. 문제는 그 모순들의 대립이 아니라 그 모순들을 어떻게 수용하는가에 달려 있습니다. 적대적 모순도 그것을 제대로 다루고 발전시킬 때 사회를 발전시키는 원동력이 되기도 합니다.

미국에서 바라보는 달이나 중국에서 바라보는 달은 모두 똑같은 달입니다. 다만, 어떤 위치에서 또 어떤 관점에서 바라보느냐의 차이일 뿐입니다.

이제 우리는 모순을 해결할 방법을 찾아야 합니다. 하나의 세계에서 나온 여러 가지 것들이 모순이 되고 그것들은 서로 비판하고 받아들이며 발전시켜 마침내 조화로운 공동체가 되어야 합니다.

이것이 우리가 내세우는 혁명의 요체이며, 중국이 앞으로 나아갈 길입니다.

백 가지의 꽃은 한꺼번에 피어나고[백화제방(百花齊放)], 백 가지의 사상은 서로 경쟁[백가쟁명(百家爭鳴)]하며 발전할 것입니다.

마오쩌둥은 중국의 발전을 위해서 많은 사람들의 참여가 필요하며, 그러한 참여는 비판과 갈등 속의 조화 속에서 이루어진다고도 말했다. 지식인과 작가, 학생을 비롯해 많은 사람들이 입에서 당 지도부에 대한 불만과 비판이 터져 나왔고, 심지어 마오쩌둥과 공산당 제도에 대한 불만과 비판까지 쏟아지기 시작했다.

공산당 지도부와 마오쩌둥은 일련의 사태를 점차 중국 자체에 대한 도전으로 받아들이기 시작했다. 그만큼 불만의 강도가 높아지고 비판의 물결이 거세지기 시작했던 것이다. 어떻게 해서든 그 물결을 잠재워야 했다.

마오쩌둥은 혁명 지도자 가운데 한 사람인 덩샤오핑(등소평 鄧小平)에게 그들을 제압하라고 은밀히 지시했다. '반우파 투쟁'이라 이름 붙은 이 사건을 통해 수만 명이 처형당했고, 훨씬 더 많은 사람들이 강제 노동을 당해야 했다. 마오쩌둥의 권력이 붉은 칼날이 되는 순간이었다.

소련과의 힘겨루기

반우파 투쟁을 끝내고 마오쩌둥은 다시 새로운 계획을 세우기 시작했다. 그것은 대약진 운동이라는 불리는 엄청난 정책이었다. 대규모 집단 농장을 통해 사유 재산을 완벽하게 없애고, 나이와 성별을 떠나 모든 사람이 진정 평등한 꿈의 세계를 실현하리라는 것이 마오쩌둥의 야심찬 계획이었다.

그러나 그보다 더 먼저 해야 할 일이 있다고 마오쩌둥은 생각했다. 바로 소련과의 힘겨루기에서 승리하는 일이었다. 1957년, 중국은 소련으로부터 원자탄과 핵무기 개발을 지원하겠다는 약속을 받아 냈다. 소련은 같은 해 이미 인공위성을 발사하며 공산주의를 통해 선진국으로 도약하는 데 성공한 상태였다.

그러나 공산주의 사상에서만큼은 마오쩌둥도 지고 싶지 않았다. 1953년 스탈린이 죽고, 살아남은 공산주의 혁명가 가운데 자신처럼 인민 해방과 공산주의 실현을 위해 모든 것을 바친 사람은 없다고 그는 생각했다. 스탈린의 뒤를 이어 소련의 최고 권력자가 된 흐루시초프가 1954년 베이징을 방문했다는 것이 그걸 말해 주는 듯했다.

1957년 11월에 마오쩌둥은 소련 혁명 40주년 기념 행사에 참석하기 위해 모스크바를 방문했다. 전 세계의 거의 모든 공산당 지도자들이 이 행사에 참석했다. 처음에는 좋았던 분위기가 갈수록 어색해지기 시작했다. 바로 마오쩌둥과 흐루시초프가 서로의 공산주의 노선을 두고 말다툼을 벌였기 때문이었다. 마오쩌둥은 인민 해방을 포기한 채 미국과 평화 공존을 옹호하는 소련의 수정주의를 비난하였고, 흐루시초프는 마오쩌둥의 개인숭배 사상과 권력 획득을 위해서라면 어떤 일도 서슴지 않는 야욕, 그리고 세계 질서를 무시하는 중국 공산당을 비난했다. 그러던 어느 순간 마오쩌둥이 갑자기 큰 소리로 외쳤다.

"이제 서풍이 동풍을 제압하는 시대는 끝났습니다. 지금은 동풍이 서풍을 제압하고 있단 말이오."

　중국을 대표하는 동쪽의 공산주의가 미국을 대표로 하는 자본주의 세력을 능가한다는 뜻이었다. 마오쩌둥의 이러한 발언을 끝으로 더 이상 대화는 지속되지 않았다. 넘을 수 없는 벽이 중국과 소련 사이에 서서히 생기고 공산주의를 통해 이어 온 단결은 금이 가기 시작했다. 강한 중국에 대한 마오쩌둥의 확신은 한동안 변함이 없었다.

8. 퇴락의 시절, 절대 권력을 꿈꾸다

실패한 꿈

흐루시초프와의 담판 이후 마오쩌둥은 강한 중국을 건설하는 것이 시급하다고 절실히 느꼈다. 또 그것은 오래지 않아 분명히 실현될 수 있다고 생각했다.

대약진 운동이 성공한다면, 중국은 15년 이내에 영국의 철강 산업을 능가하는 강철 생산국이 될 것이며, 농업 생산량은 100퍼센트 이상 증가할 것이었다. 빈부 격차를 만들어 사회 혼란을 초래하는 사유 재산은 사라지게 될 것이며, 수만 개의 협동농장에서 일하고 먹고 자며 모두가 평등한 세상을 누릴 수 있을 것이었다.

1958년 대약진 운동이 시작되고 얼마 지나지 않아 공산당 지도부는 마오쩌둥에게 농공업 생산량이 지난해에 비해 48퍼센트 증가했다고 보고했다. 마오쩌둥은 만족했고, 운동에 더욱 박차를 가하라고 명령했다.

이제 몇 해가 지나면 중국인들이 쓰고 먹는 모든 것이 남아돌 것이다. 그렇게 남은 것은 전 세계 가난한 사람들에게 아무런 조건 없이 나누어 줄 것이다. 임금 차별과 계급이 사라지면 정치와 문화는 도덕적인 발전을 이룰 것이다. 그렇게 된다면 더 이상 지배하는 사람도 지배받는 사람도 없어질 것이다.

이것이 보고를 받은 마오쩌둥이 꿈에 부풀어 써내려 간 글었다. 지배하는 사람도, 지배받는 사람도 없는 사회. 진정 아름다운 꿈의 세계.

그러나 꿈은 오래지 않아 깨지고 말았다. 아니 꿈은 처음부터 존재하지 않았는지도 몰랐다. 백화제방으로 말을 잃어버린 중국은 단지 마오쩌둥의 눈치를 살피며 과장된 보고를 했을 뿐이었다. 농업 생산량은 늘지 않았고, 임금에 차별이 없다는 걸 알게 된 노동자들은 게으름을 피우며 하루하루 시간을 보낼 뿐이었다. 생산량을 맞추기 위해 마구잡이로 만들어 낸 철은 여기저기 고철덩이로 쌓여 갈 뿐이었다. 분명 잘못된 정책이었지만 아무도 나서서 마오쩌둥에게 이야기해 주는 사람이 없었다.

펑더화이가 대약진 운동에 대해 비판한 것은 바로 이즈음이었다. 징 강산 시절부터 삶과 죽음의 여러 고비를 함께 보낸 펑더화이를 두고 마오쩌둥은 '홍군의 장비(張飛)'라 부르며 그의 용맹함을 아꼈다. 펑더 화이도 때때로 목숨을 아끼지 않으며 마오쩌둥을 위해 헌신했다. 물 론, 마오쩌둥과 펑더화이 사이에 마찰이 전혀 없었던 것은 아니었다. 그러나 그것은 어디까지나 군사적인 측면이었고, 정치적인 측면은 아 니었다. 그런 펑더화이에게서 대약진 운동에 대한 비판이 터져 나왔다 는 것은 그만큼 대약진 운동이 잘못된 길로 가고 있다는 뜻이었다.

주석 동지, 저는 단순하고 무식해 정치와 경제에 대해 잘은 알지 못 다. 그러나 우리가 지금 시행하고 있는 운동에는 분명 몇 가지 문제점 이 보이는 듯해서 이렇게 감히 올립니다.

대약진 운동이 시작되고 일 년여가 흐른 1959년, 펑더화이는 마오 쩌둥에게 보내는 개인적인 편지를 통해 마오쩌둥이 계획하고 실행하 고 있는 대약진 운동에 대해서 비판했다. 이어지는 편지에는 더욱 많 은 내용이 담겨 있었다.

지금 우리 중국이 처한 여러 경제적 문제점들을 해결하기에는 많은 시간이 필요합니다. 대만에 포격을 가하거나 티베트 반란을 처리하는 것처럼, 혹은 정치적인 문제를 해결하는 것처럼 빠른 시간에 처리할 수 없는 문제인 것입니다.

그런데도 중국이 이제 가난을 벗어 던졌다고 하는 것은 억지입니다. 모든 것을 과장되게 이야기하는 것은 많은 곳에서 종종 벌어지는 현상이지만 중국의 경우에는 그 정도가 심해 오히려 당의 얼굴에 먹칠을 하기도 했습니다.

이런 과장으로 인해 사람들은 가난을 두려워하지 않고 낭비하는 습관이 생겼으며, 생산량을 맞추기 위해서 익지도 않은 곡식을 거둬들이기도 합니다.

무분별하게 만든 소형 용광로에서 쏟아지는 재래식 철강은 오히려 산업을 망치고 있습니다.

이처럼 펑더화이의 편지는 대약진 운동에 대한 진지한 반성으로 시작되어 올리는 충정의 글이었다. 그러나 마오쩌둥은 펑더화이의 비판을 받아들이지 않았다. 젊은 시절 진시황을 흠모했기 때문일까. 마오쩌둥은 점점 진시황을 닮아 가기 시작했다. 통일을 이루기 전에는 많은 사람들의 이야기를 귀담아들었으나 통일이 된 뒤에는 비판의 목소리를 내는 사람들을 죽이며 마구잡이로 권력을 휘둘렀던 진시황. 마오쩌둥은 어느새 진시황을 닮아 있었다.

마오쩌둥은 펑더화이를 그대로 두지 않았다. 모든 지휘를 박탈당했으며, 지난날 마오쩌둥이 운사고사에 유배를 갔던 것처럼 시골로 쫓아보내고 감시했다.

피의 전주곡

마오쩌둥은 '펑더화이를 우두머리로 하는 우파 반동 집단'을 숙청하는 데 성공했다. 그러나 한 번 불거지기 시작한 비판의 목소리는 조금씩 새어나오기 시작했다.

대약진 운동은 분명 실패한 정책이었다. 더욱이, 1959년부터 중국 전역에 자연 재해가 겹쳐 농경지의 절반 이상이 피해를 입었다. 흐루시초프와의 갈등으로 소련의 원조마저 끊어졌다. 그것은 대재앙이었다. 1960과 1961년, 배고픔으로 굶어 죽는 사람들이 생겨나기 시작했다. 무려 2,000만 명 이상 희생되고 나서야, 마오쩌둥은 대약진 철회를 주장하는 사람들의 뜻을 받아들였다. 사람들은 집단 농장에서 집으로 돌아갔고, 어느 정도 사유지를 가질 수 있게 되었다. 그리고 그때부터 조금씩 중국은 대재앙에서 벗어날 수 있었다.

마오쩌둥이 비록 권력의 중심에 서 있었지만 그런 대재앙을 초래한 책임을 져야만 했다. 1959년 4월, 마오쩌둥은 국가 주석을 류사오치에게 물려주고, 자신은 당 주석에 남기로 결정하고 이를 시행했다.

두 명의 주석이 있는 나라에서 세력은 다시 크게 둘로 나뉘기 시작했다. 더욱이, 국가 주석 류사오치를 비롯한 덩샤오핑 등의 개혁 노선에 따라 중국은 어느 정도 안정을 찾을 수 있었다. 마오쩌둥 사상만으로는 중국이 발전할 수 없다는 것을 알게 된 상황에서 많은 사람들이 새로운 세력에 합류했다.

1965년까지는 두 세력이 때때로 투쟁을 벌이기도 했지만 대체적으로 서로 힘의 균형을 유지하며 중국을 이끌어가는 듯이 보였다. 중국은 원자폭탄 실험에 성공했으며, 마오쩌둥은 아시아, 아프리카의 여러 나라들을 대신해 미국과 대항할 유일한 정치 지도자로 추앙받기도 했다. 그러나 마오쩌둥은 거기에서 만족하지 못했다. 다시 한 번 중국의 모든 권력을 차지하는 것. 그것이 당 주석으로 물러난 마오쩌둥의 새로운 욕망이었다.

1965년 1월, '자본주의를 따르는 당내의 실권파'가 마오쩌둥에 의해서 언급되기 시작했다. 이들은 류사오치와 덩샤오핑을 비롯한 당내의 개혁 세력으로, 가라앉은 중국 경제를 회복시키기 위해 어느 정도 사적 재산을 인정하는 자본주의 형태의 개혁을 시도하고 있었다. 모든 사유 재산이 사라지는 것을 원했던, 그리고 모든 중국의 권력을 차지하고 싶었던 마오쩌둥에게 그들이 좋게 보이지 않는 것은 너무나 당연했다.

마오쩌둥은 그들을 공격할 기회를 가만히 기다렸다. 얼마 동안 '자본주의를 따르는 실권파'는 아무런 피해 없이 정책을 펴나갈 수 있었

다. 그만큼 마오쩌둥의 힘이 약해졌다는 증거였는데, 마오쩌둥은 다시 권력을 찾기 위해 대중을 동원하는 방법을 채택했다. 이것은 마오쩌둥이 여러 차례 혁명을 통해 체득한 가장 확실한 방법이었다.

마오쩌둥이 준비를 마치고 마땅한 때를 기다리던 1965년 11월, 상하이에서 발행되는 〈문회보(文匯報)〉에서 상하이의 당 서기 야오원위안(요문원姚文元)이 베이징 부시장으로 있던 우한(오함吳晗)의 해서파관(海瑞罷官)을 비판하는 글을 실었다. 우한의 해서파관이 대약진 운동을 비판했던 펑더화이를 옹호한다는 것이 그 이유였다. 우한에서 시작된 비판은 결국 '자본주의를 따르는 실권파들'로 이어질 것이었다. 그것은 마오쩌둥에게 더없는 호기였다.

홍위병의 탄생과 피로 물든 중국

우한을 비롯해 몇몇 사람이 파면을 당하는 동안에 우파에 대한 공격이 점점 거세졌다. 1959년부터 마오쩌둥 사상을 군 내부에 핵심 사상으로 교육하던 린뱌오(임표林彪)는 1964년에는 마오쩌둥 사상을 요약한 소책자를 만들어 병사들에게 돌리기도 했었다. 황푸군관학교를 졸업하고 마오쩌둥과 함께 유격 활동을 벌여 왔던 린뱌오에 의해 군대는 다시 마오쩌둥의 힘 아래에 들어왔다.

1966년 3월에는 마오쩌둥의 세 번째 아내 장칭이 군대에서 타락한 예술을 바로잡을 필요가 있다며 우파를 공격했다. 우한을 비롯한 몇몇 사람이 파면을 당한 1996년 4월이 한 달도 채 흐르기 전에 베이징대 일부 교수들이 우파를 비난하는 글을 학교 곳곳에 대자보 형식으로 만들어 붙였다. 마오쩌둥은 교수들을 칭찬하며, 모든 지식은 대중으로부터 나온다고 이야기했다. 뒤를 이어 학생들과 신문들이 서둘러 우파를 비난하기 시작했고, 비 온 뒤 대나무 올라오듯 여기저기서 우파에 대한 비난이 쏟아져 나왔다.

그런 분위기에서 학생들에게 치르게 하는 시험은 서구 지식인들의 악랄한 계략이라는 기사가 〈인민일보〉에 실렸고, 그에 동조한 학생들이 스스로를 '마오 주석의 홍위병'이라 부르며 교사들을 축출하기 시작했다. 칭화대학(청화대학淸華大學)에서 처음 홍위병이 생긴 뒤로 베이징과 지방의 수많은 대학생과 고등학생, 그리고 심지어 어린 중학생들까지 마오쩌둥의 사상이 담긴 작은 책자를 손에 흔들며 홍위병을 자처하며 톈안먼 광장으로 모여들었다.

톈안먼 광장에 모인 홍위병은 무려 백만을 넘어섰다. 조용히 대중을 움직이며 기회가 오기를 기다리던 마오쩌둥에게 마침내 때가 왔다. 군과 예술, 그리고 대중을 움직일 수 있다면 더 이상 망설일 필요가 없었다.

"과거의 모든 것을 타파해야 합니다. 낡은 생각, 낡은 문화, 낡은 관습, 낡은 버릇, 이 네 가지를 타파할 때 중국에 마지막 남은 혁명은 완수될 것이며, 그 힘은 바로 여러분들에게서 나옵니다."

톈안먼에 모인 홍위병들에게 마오쩌둥은 그렇게 소리쳤다. 그 연설을 통해 어린 홍위병들은 자신들이 중국의 미래를 밝게 하는 마지막 혁명가라는 착각에 빠져 들었다.

마오쩌둥은 1966년 8월 8일에 열린 공산당 중앙위원회 회의에서 프롤레타리아 문화대혁명에 관한 결정안)을 발표했다. 문화대혁명이 시작되면서 모든 것들이 홍위병들에 의해 움직이기 시작했다.

마오쩌둥 사상으로 무장한 그들에게 마오쩌둥에 대항하는 모든 세력은 적이었다. 가장 큰 적은 물론 류사오치와 덩샤오핑이었다. 류사오치는 어린 홍위병들에게 질질 끌려 다니며 모진 고문을 견뎌야 했다.

"여러분, 나는 이 나라의 주석이에요. 나는 나라를 대표하며 그러기에 존엄이 지켜져야 합니다. 나의 희생은 괜찮지만 이것은 나라의 명예에 대단히 나쁜 일이란 말이오."

홍위병들은 류사오치의 말에 고문과 매질로 답했다. 홍위병들에게 류사오치가 국가 주석이라는 사실은 중요하지 않았다. 류사오치는 단지 위대한 마오 주석의 적이었으며, 그러기에 모든 중국의 적이었다. 다행히, 덩샤오핑은 마오쩌둥의 보호 아래 어느 정도 고난을 피할 수는 있었지만 지방으로 쫓겨나는 신세를 면치 못했다. 이미 숙청된 펑더화이 역시 홍위병들에게 붙잡혔다. 갈비뼈에 철사를 꿰어 끌고 다니는 고문을 홍위병들은 거침없이 자행했다.

어떤 사람은 어깨뼈가 뚫리기도 했다. 많은 사람들이 그렇게 어린 홍위병들에게 인간 이하의 대접을 받으며 죽어 갔다. 중국 전역에 다시 한 번 피 냄새가 독하게 진동했다. 마오쩌둥은 그 모든 것을 지켜보기만 할 뿐이었다. 거의 모든 반대 세력이 홍위병에게 죽거나 숙청당한 1967년 1월, 그제야 마오쩌둥은 린뱌오에게 문화대혁명이 너무 잔인하다며 군대의 개입을 명령했다. 중국의 모든 기관들이 군대에 접수되었고, 문화대혁명의 주체였던 홍위병마저 깊은 산속으로 쫓겨나야 했다.

1969년 4월에 열린 인민대회에서 마오쩌둥이 다시 한 번 절대 권력을 차지하고, 마오쩌둥의 후계자로 린뱌오가 결정되는 것으로 문화대혁명이라는 무서운 피바람은 서서히 잦아들었다.

린뱌오의 배신

문화대혁명이 끝난 뒤부터 마오쩌둥은 점차 건강이 나빠지기 시작했다. 권력을 유지하기 위해서 마오쩌둥은 넓은 중국 이곳저곳을 돌아다녀야 했고, 그 때문에 식사와 잠자리는 늘 불규칙했다. 1969년 9월, 중국에서 핵실험이 성공하면서 미국은 더 이상 중국을 함부로 대하지 않았지만, 소련과의 관계는 여전히 삐걱거렸다. 때로는 국경 지대에서 무력 충돌이 벌어지기도 했다. 이런저런 걱정으로 마오쩌둥은 쉽게 잠들지 못했다. 마취제를 복용하며 겨우 잠드는 날도 있었다.

문화대혁명이 끝나고 마오쩌둥을 가장 괴롭힌 사건은 린뱌오의 배신이었다. 겨우 군 수뇌부 정도였던 린뱌오는 마오쩌둥의 후계자로 지목되면서 야망이 불타오르기 시작했다. 린뱌오는 하루라도 빨리 마오쩌둥의 권력을 이어받고 싶었지만, 마오쩌둥은 결코 쉽게 권력을 넘겨주지 않았다. 기다리다 지친 린뱌오는 마오쩌둥에 대한 쿠데타를 계획했다.

마오쩌둥의 전용 열차를 폭파할 계획이었다. 마오쩌둥만 죽어 없어진다면, 린뱌오와 그의 측근들에 의해 정부는 한순간에 장악될 것이었다. 그러나 계획이 모두 탄로 났다. 쿠데타 계획이 탄로 난 이상 숙청당하는 것은 불 보듯 뻔한 일이었다. 린뱌오는 외국으로 도피하려고 시도했다.

마오쩌둥은 1971년 9월 13일 새벽 1시가 조금 못 되는 시간에 린뱌오를 태운 비행기가 이륙했다는 보고를 받았다. 저우언라이가 공중폭격을 제의했다.

"비를 내리는 것은 하늘입니다. 우리는 아무것도 할 수 없어요. 린뱌오가 도망가도록 내버려둡시다."

마오쩌둥은 린뱌오를 그냥 두라고 했다. 혁명이 성공하기 이전에 마오쩌둥과 함께 공산당을 이끌던 장궈타오가 마오쩌둥을 배신하고 국민당에 가 버린 사실이 있었다. 그때 마오쩌둥은 미친 듯이 장궈타오를 욕했다. 장궈타오는 홍군의 많은 비밀을 알고 있었고, 그 때문에 자칫 홍군의 존속이 위험한 상황이었지만, 마오쩌둥은 지나치게 흥분했다. 그런 마오쩌둥이 자신을 죽이려 했던 린뱌오를 그냥 두라고 한 것은 더 이상 피를 원하지 않았던 때문이었을까. 그러나 린뱌오의 비행기는 몽골을 벗어나지 못하고 추락하고 말았다. 연료 부족과 기기 고장이 원인이었다. 비행기에 타고 있던 아홉 명이 모두 그 자리에서 삶을 마감했다.

탁구대 위에서 타오른 마지막 불씨

1971년 4월 9일, 미국 탁구 팀이 베이징을 방문했다. 미국 스포츠 팀으로는 처음으로 중국을 찾는 길이었다. 단 몇 명의 탁구 팀이 왔을 뿐이지만 그에 따른 파장은 엄청났다. 오래 전부터 미국과의 평화를 위해 노력한 소련에 비해 중국은 1970년까지만 해도, '전 인민이 단결하여 미 제국주의를 타도하자'는 마오쩌둥의 연설을 들어야 했던 터였다. 그런 중국과 미국 사이에서 벌어진 이 친선경기는 단지 탁구 이상의 의미를 지니는 것이었다.

비록 1970년까지만 해도 미 제국주의를 타도하자고 했지만, 마오쩌둥은 미국과 수교하기 위해 오래 전부터 노력해 왔다. 일본과의 싸움이 한창이던 1944년, 마오쩌둥은 장시성 소비에트 근거지였던 옌안에 미국 영사관을 설치를 시도하기도 했다. 물론, 미국의 거절로 영사관 설치는 이루어지지 않았지만 바로 그때부터 미국에 대한 마오쩌둥의 애증은 시작되었던 것이다.

　1967년 당시 미국의 대통령 후보로 나섰던 닉슨은 중국 10억 인구를 고통에서 구제해야만 비로소 세계에 완전한 평화가 찾아올 것이라고 말했다. 마오쩌둥이 애증을 접고 미국에게 손을 내밀기로 결심한 것은 바로 이때부터였다. 대약진 운동을 벌이고, 경제개발 정책을 시행했지만 분명 어쩔 수 없는 한계를 마오쩌둥은 이미 실감하고 있었다. 가난에서 벗어나기 위해, 국가 이익을 위해, 마오쩌둥은 미국과의 협력을 생각하고 있었던 것이다. 그러나 그동안 그토록 노력했던 모든 것을 쉽게 포기할 수는 없었다. 더욱이 미국이 중국에 어떤 이익을 줄 것인지를 아직은 확신할 수가 없었다. 마오쩌둥은 저우언라이를 비롯해 당 지도부에게 닉슨의 의도가 무엇인지를 파악하라고 지시했다.

1971년, 중국은 유엔에 가입했다. 그동안 중국의 가입을 반대하던 미국은 더 이상 반대하지 않았다. 마오쩌둥에게 이제 미국과 닉슨은 중국의 미래를 위해 협력해도 좋은 상대였다. 마침내 미국을 통해 중국에 이득이 될 것이라 확신하게 되자, 마오쩌둥은 미국 대통령 닉슨에게 협력을 제안했다.

"말을 잘 하지 못해요."

닉슨 대통령을 처음 만난 마오쩌둥이 여비서의 부축을 받으며 어렵게 일어나 말했다.

친선 탁구대회가 있고 일 년이 조금 안 된 1972년 2월 18일이었다. 이미 마오쩌둥은 출혈성 심장병이라는 불치병에 걸려 있었고, 때로는 말도 제대로 할 수 없는 상황이었다. 마오쩌둥은 힘겹게 닉슨과의 회담을 이어 갔다.

중국의 미래를 위한 마오쩌둥의 마지막 불씨는 그렇게 타올랐다.

톈안먼에 누운 중국의 붉은 지도자

1973년 3월, 마오쩌둥은 문화대혁명 때 권력에서 밀려났던 덩샤오핑을 다시 복귀시켰다. 마오쩌둥은 어쩌면 아주 오랜 전부터 자신의 후계자로 덩샤오핑을 생각하고 있었는지도 몰랐다. 문화대혁명의 피바람을 단지 강제 노역을 하는 정도로 피할 수 있었던 것도 바로 마오쩌둥의 보호 때문이었다.

덩샤오핑을 복귀시키고 마오쩌둥은 거의 모든 권력에서 스스로 물러났다. 꼭 필요한 경우에만 조카를 대리인으로 내세울 뿐이었다. 이미 출혈성 심장병을 앓고 있는 마오쩌둥은 1974년 7월에 자신의 몸이 점점 굳어지고 있다는 사실을 알았다. 마오쩌둥은 모든 일정을 접고 젊은 시절 혁명을 위해 목숨을 아끼지 않았던 우한과 창사 지방으로 여행을 떠났다.

마오쩌둥은 어쩌면 자신의 빈자리를 생각하는 것인지도 몰랐다. 혁명을 위해 모든 젊음을 바쳤던 시절, 강한 중국을 건설하기 위해 혁명 동지들을 배신하던 시절을 회상하며 앞으로의 중국의 변화를 생각하는 것인지도 몰랐다.

그렇게 조용히 생의 마지막을 보내던 1976년 1월 8일, 그의 가장 가까운 혁명 동지 가운데 한 사람인 저우언라이가 죽었다. 저우언라이를 아끼던 수많은 사람들이 톈안먼 광장으로 몰려들면서 톈안먼에는 저우언라이의 뜻을 받들어 자본주의를 받아들이자는 대규모 시위가 벌

어졌다. 다시 한 번, 피바람이 중국에 몰아닥쳤다. 그러나 마오쩌둥은 더 이상 그런 것에 신경 쓰지 못할 만큼 건강이 좋지 않았다. 다만, 시위의 배후에는 덩샤오핑이 있다는 몇몇 지도부의 말에 따라 덩샤오핑을 다시 한 번 권력에서 밀어낼 뿐이었다.

1976년 9월 9일, 마오쩌둥은 다시 한 번 심장 발작을 일으켰다. 덩샤오핑을 다시 권력 밖으로 밀어내고 얼마 지나지 않은 5월에 처음 발작이 일어난 뒤부터 벌써 네 번째였다. 발작이 일어날 때마다 마오쩌둥은 그가 지내 온 고난과 투쟁, 승리와 영광, 그리고 퇴락의 날들처럼 힘겹게 일어났다. 그러나 마오쩌둥이 신이 아닌 이상 죽음을 막을 수는 없었다.

마침내, 중국의 붉은 지도자 마오쩌둥은 당 지도부들이 지켜보는 가운데 그가 세운 혁명의 나라, 중국을 영원히 떠나갔다. 그러나 화장(火葬)을 하겠다던 평소의 의지와는 아무런 상관 없이 마오쩌둥의 몸은 중국을 떠나지 못하고 영원히 썩지 않게 방부 처리되어 지금도 톈안먼 광장에 가만히 누워 있다.

9. 마오쩌둥이 떠난 중국을 돌아보다

분노와 공포가 있는 곳, 욕망과 절망이 있는 곳에 전쟁은 언제나 일어나게 마련이다. 어쩌면 전쟁은 인간에게 주어진, 거역할 수 없는 추악한 운명일지도 모른다. 그리고 누군가 그 운명을 떠맡아야 한다면, 중국 역사는 마오쩌둥을 선택했다.

마오쩌둥은 과거의 모든 낡은 것들과 싸웠으며, 중국을 위협하는 열강과 싸웠고, 공산주의를 억압하는 세력과 싸웠다. 때로는 외부의 적과 싸웠으며, 때로는 내부의 적과 싸워야 했다. 그리고 대부분의 싸움에서 마오쩌둥은 승리했다. 그리하여 그는 중화 인민 공화국이라는 새로운 나라를 세우고 그 위에 군림했다.

그러나 마오쩌둥의 싸움은 거기서 끝나지 않았다. 아니 그때부터가 마오쩌둥에게 가장 힘든 싸움이었을 것이다. 지난날의 싸움이 혁명을 위한 것이었다면, 그때부터의 싸움은 권력을 위한 것이었으며, 바로 자기 자신과의 싸움이기도 했다.

이 싸움에서 마오쩌둥은 승리한 것일까? 패배한 것일까? 쉽게 결론을 내릴 수 있는 사람은 많지 않다. 그러나 한 가지 분명한 것은 마오쩌둥이 마련한 토대 위에 중국은 변화하고 있다는 사실이다.

중국은 이제 시장 경제를 받아들였고, 사유 재산을 인정하기 시작했다. 수많은 기업들이 들어섰고, 도시는 날이 갈수록 발전을 거듭하고 있다. 혁명의 출발지였던 징강산에는 관광객을 위한 일류 호텔들이 생겨났고, 그곳에서는 어린 홍군들이 주린 배를 채우기 위해 허겁지겁 먹었던 호박이 특별 음식으로 팔리고 있다.

마오쩌둥이 원하던 공산주의 혁명의 완성과는 전혀 다른 모습으로 오늘날 중국은 그렇게 변하고 있는 것이다. 그러나 여전히 변하지 않는 게 있다. 아니 햇볕에 내놓은 찰흙처럼 더 단단히 굳어 간다고 해야 옳겠다.

자본주의 시장 경제를 받아들였지만, 마오쩌둥이 내세웠던 공산주의 사상만큼은 절대 포기할 수 없다는 것이 오늘날 중국의 주장이다. 톈안먼에는 여전히 마오쩌둥의 대형 초상화가 걸려 있고, 화폐 개혁을 통해 모든 돈에 마오쩌둥의 얼굴이 새겨졌다.

마오쩌둥은 그렇게 여전히 중국에 남아 있다. 강산이 변하는 세월이 몇 번이나 흘렀지만 모든 중국인들 가슴에 마오쩌둥은 영원히 살아 움직일 것이다. 때로는 역사상 가장 위대한 혁명가로, 때로는 가장 무서운 폭군으로……

과연, 마오쩌둥은 승리한 것일까? 패배한 것일까?

그것은 마오쩌둥이 중국에 남겨 놓은, 아니 세계의 모든 사람들에게 남겨 놓은 숙제일 것이다. 숙제를 풀기 위해 공산주의도 자본주의도 아닌 제3의 길을 찾아, 이제 우리가 떠나야 할 차례다.

마오쩌둥 연보

1893년 마오쩌둥(모택동) 탄생.

1894~1985년 청일전쟁 발생. 일본이 조선, 만주와 대만 점령.

1899년 중국 전역에서 외세의 침략(독일, 영국)에 대항해 의화단 봉기.

1911년 신해혁명 발발, 호남에서 봉기한 신군부에 가담, 혁명 활동 시작.

1918년 양창지(양창제)의 도움으로 신민학회(新民學會)결성.

1919년 북경에서 사서보조로 일하며 연명함. 양창지의 소개로 리다자오(李大釗)를 만남. 장사 소·중학교에 역사 선생으로 취직. 〈상강평론(湘江評論)〉이라는 주간신문을 발행.

1920년 양창제 사망. 양창제의 딸인 양카이후이(楊開慧)와 결혼.
호남사범학교 부속 소학교의 교장을 지냄. 10월 중국공산
당 창당.

1921년 중국 공산당 1차 전국 대표회의. 중국 최초의 공산당 지방
지부를 후난성(湖南省)에 세우고, 곧 허베이성(下北省)과
산시성(陝西省), 광둥(廣東), 베이징(北京) 등에도 공산당
지부를 세움.

1923년 공산당과 국민당의 국공합작 이루어짐. 중국 공산당 3차
전국 대표회의에 참석, 당 조직 부장에 선출됨. 국공합작
후 공산당의 활동이 본격적으로 시작됨.

1924년 국민당 중앙 선정부장으로 선출되어 국민당 개혁을 도움.

1925년 쑨원(孫文) 사망. 공산당과 국민당이 군벌에 대항해 노동
조합연맹시위 벌임.

1926년 군벌을 타도하려는 공산당, 국민당의 연합전선이 움직이
기 시작. 호남, 호북, 복건, 절강, 강서, 안휘 등 6개 성이
혁명군의 세력이 되었고 군벌을 타 도함.

1927년 리다자오 사망. 국민당에 대적하여 공산당이 난창(南昌)봉
기를 일으킴.

1930년 국민당에 체포된 양카이후이 사망. 루이진(瑞金)을 중심으

로 장시성(江西省)소비에트 정부가 공식적으로 설립됨.

1931년 루이진에서 전국 소비에트 대표자회의 진행, 장시성 소비에트가 중화 소비에트로 승격. 만주전쟁 발발

1933년 중국공산당 중앙 정치국 위원에 당선.

1934년 강서성 소비에트는 장제스(蔣介石)의 군대를 피해 대장정을 떠남.

1935년 〈일본제국주의 책략 반대론〉을 발표하여 항일 민족통일전선 건설에 대한 이론과 정책을 수립함.

1936년 국민당 내부 쿠데타 발생. 중앙군사위원회 주석 역임.

1937년 루거우차우사건(노구교사건 蘆溝僑事件) 발생을 시발로 중국과 일본이 전면적인 전쟁에 돌입하게 됨. 〈실천론〉〈모순론〉〈항일유격전쟁의 전략문제〉〈지구전론〉 등을 발표.

1938년 〈통일전선 중의 자주독립 문제〉를 발표.

1939년 일본의 진주만 공격.

1943년 중국 공산당 중앙정치국주석

1945년 일본의 히로시마에 원자폭탄 투하, 일본의 항복.
마오쩌둥은 만주로 공산군을 투입함.

1946년 해방전쟁 시작

1949년 만주 장악. 10월 1일 중화인민공화국 개국 선포, 마오쩌둥은 주석의 자리에 오름.

1950년 한국전쟁 발발

1959년 국가주석을 류사오치(劉少奇)에게 물려줌

1976년 마오쩌둥 사망.